初心

丁捷 著

中共中央党校出版社

图书在版编目（CIP）数据

初心 / 丁捷著 . -- 北京：中共中央党校出版社，2018.3
ISBN 978-7-5035-6333-1

Ⅰ . ①初… Ⅱ . ①丁… Ⅲ . ①中国共产党—党员—思想政治教育—学习参考资料 Ⅳ . ① D261.42

中国版本图书馆 CIP 数据核字（2018）第 039431 号

初　心

责任编辑　王　君　高　颖
版式设计　上海品亮文化传播有限公司
责任印制　宋二顺
责任校对　王　微
出版发行　中共中央党校出版社
地　　址　北京市海淀区大有庄 100 号
电　　话　（010）62805830（总编室）　（010）62805821（发行部）
　　　　　（010）62805034（网络销售）　（010）62805822（读者服务部）
传　　真　（010）62881868
经　　销　全国新华书店
印　　刷　北京文昌阁彩色印刷有限责任公司
开　　本　690 毫米 ×980 毫米　1/16
字　　数　149 千字
印　　张　13.5
版　　次　2018 年 3 月第 1 版　2019 年 9 月第 4 次印刷
定　　价　48.00 元

网　　址：www.dxcbs.net　**邮　　箱**：cbs@ccps.gov.cn
微 信 ID：中共中央党校出版社　**新浪微博**：@党校出版社

题　记

你是否获得了自己希冀
的人生？
时光改变了你的容颜，
也考验着你的心。

序

任彦申

2017 年，反腐题材纪实文学作品《追问》的畅销和反腐题材电视剧《人民的名义》的热播，在中国社会产生了石破天惊的轰动效应。这两部作品，是现世版的贪官现形记，是鲜活的人性百态图，是发人深省的人生启示录。

《追问》这部作品的震撼之处，不在于它揭示了人所不知的种种贪腐秘闻，也不在于它鞭挞了这些贪官在光鲜外表下的种种丑行，而在于它触及了贪官们的内心，剖析了他们走向贪腐的心路历程，深深地敲打着他们扭曲的灵魂。

面对《追问》这部作品热销、热议、热捧，作者丁捷不是沉湎于这种荣耀，而是开始了更深入的“追问”。他在全国各地做了多场“追问初心”的专题报告，在与各层人群面对面的对话交流中，他获得了更多的灵感和“悟觉”，引发了他新的写作诉求——关于人心的天真、成长、成熟、变化、扭曲和回归。

丁捷是伴随着中国改革开放 40 年的历程成长起来的，经过大学教师、省委机关干部、企业管理人员、援疆干部、省属文化单位纪委书记等多个岗位的历练，耳闻目睹了40年来社会的变迁和人心的演变。洞察世间万象、人生百态，剖析众人的起落浮沉，丁捷终于找到了一条透视人生的指导线索，把思想聚集到“初心”这个主题上来。

“不忘初心，方得始终”，这是近年来使用频率较高的一句话，意思是只有坚守本心信条，才能功德圆满。

初心，顾名思义，就是做某件事最初的愿望，最初的原因，最初的目的。

丁捷在《初心》一书中对初心的理解是，初心即自然，初心即自俭，初心即自由，初心即自重，说来说去，初心是一切美好的本愿。守得本愿，方得美好。追问初心，还是初心。

“人之初，性本善。”一个人，一个政党，一个政府，开始起步时大都有美好的初心，然而“靡不有初，鲜克有终”。初心易得，始终难行。走着走着，把初心淡忘了、走丢了，结果，善始而不得善终！

所谓不忘初心，就是不要忘记人之初那种纯真与善良，不要忘记做人的良知和底线，不要忘记人生的希冀和梦想，不要忘记事业起步时的承诺和誓言。砥砺前行，不懈奋斗，以达到至善的最高境界。

党的十九大把“不忘初心，牢记使命”作为中国共产党的时代主题，习近平总书记讲：“中国共产党人的初心和使命，就是为中国人民谋幸福，为中华民族谋复兴。”

那些失足落马的官员，原本并不坏，不少人曾是奋发有为、政绩显赫的干部，也曾有良好的初心。因为走得太快、走得太远，以致忘记了自己为什么出发，忘记了自己走过的路。面对着各种挑战、各种机会、各种选择、各种诱惑，逐渐迷失了方向，不知道自己要到哪里去。

作为共产党员、领导干部，任何时候都要坚守初心，不辱使命；任何情况下都要坚守防线，不要跨越法律、纪律、政策、道德这四条“边防线”，循规蹈矩不逾界；任何情况下都要把住私心、贪心、野心这三条底线。一个人一旦失去底线，什么坏事、丑事都敢干。一个社会一旦失去了底线，什么荒唐的事情都可能发生。人生的经验告诉我们，常理比知识更重要，良知比智慧更可贵。一个人只要不违常理、不背良知，即使有小错或者小毛病，也不至于导致大错和沉沦。而一旦违背常理、泯灭良知，那便不可救药、下场也就可悲。

初心，这是当今社会的大主题，是人生的大文章。丁捷的这本著作《初心》，未必能从理性上完美诠释“初心”这个大课题。《初心》更不企图引领和教化，而是作者自我心灵的直白，真诚情感的结晶，是美好与忧伤记忆的萃取，语境亲切，态度率真，因而它读起来如此感人；《初心》更是丁捷跳出思想的小我，概括一代人甚至几代人的思想的某些“情绪”，某些“律动”。《初心》的初衷，是感召更多的人，走在人心的光明正道。文可化心，文可载道，《初心》也许是当今社会呼唤的一个美好文本。

2018 年初春于北京

背景：文学初心的历练与改变

我生性腼腆，不善交际。看起来安静内敛，实际上心若惊澜。这种个性，不容易接近别人，却极容易接近文学艺术。受父亲的影响和引导，我从 10 岁开始阅读大部头文学名著，14 岁开始创作并发表文学作品。一晃 30 多年了，从文学少年变成了如今的“文学中年”，眼看着白发增多，想说的废话也在增多，阅历的世事，人生，大山的不烂之石，大海的不枯之水，也是相应增多。最重要的是，阅读的书，出版的作品增多；大脑的褶皱增多，心灵的纵横增多。从来行走在职业的世俗中，却一直抱持着文学情结，背负着一些人文情怀，磕磕绊绊地向前。风雨，寒窗，忽亮忽暗的灯火，阳光与星光交错的希望，燃烧不熄的热心肠。一点一滴，无不汇聚在我心的汪洋。

在高校教书的时候，曾经有人笑我，一介书生，满腹才华，却苦有济世抱负，不如爱你所爱，任你所性，勇往直前，才是书生正道。在省级机关工作的时候，一方面看到许多机关“老黄牛”，日出而作，日落而归，一辆破旧自行车，在家和单位之间，载走了青春，流逝了芳华。另一方面，也有特别精明的同事劝我，写写画画，手不释卷，劳而无功，苦而无获，雅而无益，俭而无助；上班喝茶，下班打牌，人云亦云，动手腕而不动手，动小脑而不动心，才是仕途智慧。几年前，参加中国作家协会采风团去新疆采风，结识了一位北京的心理学教授大姐，诚恳地送给我一句话：丁捷，你要放下，卸去你身上的一部分背负。几年来，这句话如同霹雳，一直在我心里回响。我理解了，却又没有理解；我放下了，却又没能放下。难道我要到五十才不惑？许多问题，让我又背负上新的纠结。

好在，我有书，有写作。文学始终是我人生道路上的小伙伴，是我心灵的动力，或者说是一种自我抚慰也可能抚慰他人的力量，一根自我清醒也可能令他人清醒的银针。对这个世界，甚至对自己，我虽然还不很明白，但我在靠近明白；我的内心虽然还不算强大，但我每天都在努力追近强大。我自强的手段就是阅读、写作，以及由此带来的思想和情愁。30 多年里，我创作出版了 20 部独立著作，大部分都是貌似“闲云野鹤”类的。青春的，言情的，浪漫的，我以脱离现实的文学方式，解脱深陷现实烦躁中的自己，直到上一部，在全国读者中引起热议的《追问》！

诺贝尔文学奖获得者皮兰德娄获奖时说道：我深信诺贝尔文学奖绝对不是为了激励奖赏一位作家的写作技巧——因为这从来都只是雕虫小技，不足为贵——诺贝尔文学奖一定是为了鼓励作家作品中的真诚人性。大师的话，揭示了写作的本质，以及写作者的价值。《追问》的写作，是一次文学情怀的历练与改变。决定写作这部关于落马高官心灵史的过程是踟蹰再三的。消化卷宗材料、与当事人面对面的采访、写作本身的实践过程，是烦琐的，艰难的，痛苦的。发表这部作品也是需要勇气的。而这一切的挺进，所依赖的力量，不是以前所有作品创作时所需的那一点素材，一点时间，一点才华，一点技巧，而是自己身处现实若干年，首次直面现实所激发出来的真诚——以写作者的真诚，追问和交换采写对象，一个特殊“精英群体”的人性真实和内心坦白。真诚可以逼真，而真相才是我们每个人最想了解的，最珍贵，也最有力量。昨天的现实真相，是改变今天的正确力量。过去的真相，很难照耀历史的天空，而它会昭示当下，照亮未来。《追问》让我在自我的文学情结里获释，《追问》让我的写作成为一次与现实的顶真，也成就了自己的人文修行。

而“追问”到的结果，就是“初心”。2017 年 3 月 23 日，在中央党校举办的《追问》发布会上，在责任编辑王君女士的建议和高度概括下，发布会的主题确定为“追问初心”。该主题引起了读者强烈的“追问”兴趣，100 多名在发布会现场的领导干部学员和媒体记者，抛出了一个又一个“追问”为什么关乎“初心”的尖锐问题。我回答了，我听到了掌声，也听到了质疑声。在此后的大半年里，我无时无刻不在继续思考和回答这些问题。我甚至以“追问初心”为题，在全国连续做了近百场报告，结合自己的半生所经、所历、所情、所思、所感、所悟。我讲，追问精英的败落，必然落脚到初心的丧失；我讲，初心的丧失，一度使人与人、组织与人之间的血肉联系异化为破碎的物质利益关系，万象凌乱，诚信缺失，人人自危的塔西佗效应滋生；我讲，从初心病灶看文化取舍；我讲，从初心至上看法纪并举；我讲，从初心回归看自我优化……“不忘初心，牢记使命”，我把这些行动看作尽我微薄之力的初心践行。也许能感召更多的人，走在人心的光明正道。

目 录

悟之篇

学之篇

践之篇

De Zhi Pian

得之篇

拥抱：咫尺之远的初心到达

一个人只爱自己，一颗心只有拳头那么大，几百克那么轻；一个人只爱自己的小家，一颗心最多有几百平方米那么大，几许柴米油盐那么重；一颗爱人民、爱国家、爱世界的心比 960 万平方公里还要广阔，与世界一样博大，如山高水长，如雷霆万钧。

月有圆缺，天有晴阴。人生风雨阳光同在，不忘初心，方得始终。

留住初心并不难。初心就在那里，就在所有人出发的地方，就在那些没有成本、无须投资的精神世界里，就在我们善良美好的本愿里。你丢了，可以找回来。你没有，可以去重建。初心的光辉，一直在普照着人类的行程，也一直蕴藏于中华民族的精神富矿，补给着我们的文化血脉。只要你真心想要，它很容易就滋润你的心灵，照亮你的行程。

“所以表不忘初心而必果本愿也。”“不忘初心”最早出自唐代大诗人白居易《画弥勒上生帧记》，他告诉我们，只有带着初心，才能获得本愿，完成你最初设定的情怀和抱负。你迷失，一定是因为忘记了出发时候的愿望。无数先知先觉的先辈都在这样提醒。阿拉伯作家纪伯伦在《先知》里提醒人们，“不要因为走得太远而忘记为什么出发”。走得太远，应该是好事，但走得太远而忘记启程的美心美愿，就意味着人生走进了险境。

今天，我们如何理解初心的本质，到底有哪些构成，我们如何在风雨兼程中紧紧地拥抱住它们，到达人生的佳境，与全人类一道攀登文明之顶？

心事浩茫连广宇，于无声处听惊雷。苍穹大地之间，有我一心。心有所静，心有所思，心有所悟，心有所得，心与心因为美好而交相辉映。

放眼望心空，如此灿烂。低头入心河，如此澄澈。

1

初心即自然，让我们寄情山水。

中华民族有着深厚的山水情怀，万水千山总是情，历代文人骚客，无不把他们的才情抒发于自然之间；从来，仁人志士爱江山而藐风尘。离开了山水，就谈不上什么境界；再大的功利，在自然面前，都是浮云一块，可以很快被时间蒸发。

寄情物质，心怀利禄，与寄情自然有着本质的区别。凡是带着功利的眼光，带着实用主义的需求，世界看起来就不会是美好的。著名美学家朱光潜先生在一篇文章里，把功利世界和非功利世界比喻成一棵树和它在水中的树影。他说，同一棵树，看它的正身本极平凡，看它的倒影却带有几分另一个世界的色彩之美。为什么？因为看树会有功利的联想，比如这是谁家的树，树种是否名贵，价值几何，等等，充满了物质探究。而看水中的树影，是跟我们现实世界隔开的，是幻境的，与观赏者的实际人生没有直接利害关系，观赏者就不受利益之心的牵绊，仅仅把它作为一个纯粹景象，安闲自在地去玩味，更多地注意到它的轮廓、纹线和稍纵即逝的斑斓。这种形象的直觉，当然能达到美感的体验。所以，想体味到事物本身的美，一定要从现实世界跳开，以“无所为而为”的精神，进入那种其实“与我无关”的美。

那么，一个人如果功利心太强，他的眼睛里就永远只有表象，只有数量而没有树影，没有抽象。欣赏自然如此，处世更是如此。沉浸在功利世界的人生，根本谈不上什么美好。买一个新包包，最多能获得一个星期的喜悦；升一级职务，大概会有三个月的兴奋；爱情婚姻自古就有“七年之痒”的说法，什么会使其天长地久？你靠什么去维系自己的心态，处在平静、满足和欣慰的常态，总不能天天买包，月月升官，年年娶妻吧？

我写过一本叫《小困兽》的书，给青少年看的，目的是培养青少年的美感，建立一种“世界上看似最没用的事物，往往最是人生的宝贝”的情怀。这种情怀其实就是超凡脱俗，把人从物质里解脱出来，把幸福建立在唾手可得的心灵世界。其中，培养热爱自然的能力和素质，是培养这种情怀的重要途径。

热爱自然可以铸就敬畏之心。

自然的博大与美，让人类认识到自我的渺小与浅薄。登泰山而小天下，在自然面前，人类那点自大变得很可笑，个体的那点分量，更是轻如鸿毛。

1990 年“旅行者”一号宇宙探测器在即将飞出太阳系中心区域的时候，最后一次回眸我们的家园——地球，从 64 亿公里之外拍摄了地球照片。照片中，地球仅是一个 0.12 个像素大小的圆点。著名天文学家卡尔·萨根对着这张照片，感慨万分地写道：

> 地球是在这个浩瀚宇宙剧院里的一个细小舞台。想想从那些将领们和皇帝们溢出的血河，他们的光荣与胜利曾成为了这一点上一小部分，一瞬间的统治者。
>
> 想想栖身在这点上一个角落的人正受着万般苦楚，而在几乎不能区分的同一点上亦同时栖身了另一批人在另一角中。他们有多频繁发生误解？他们有多渴望杀害另一方？他们的敌意有多热烈？我们的装模作样，我们的自以为是，我们的错觉以为自己在宇宙里的位置有多优越，通通都被这暗淡的光点所挑战。
>
> 看到两张照片中的那同一个小点了吗？没错，就是这里，就是我们的家，就是我们。在这点上有所有你爱的人、你认识的人、你听过的人、曾经存在过的人在活着他们各自的生命。聚集了一切的欢喜与苦难、上千种被确信的宗教、意识形态以及经济学说，所有猎人和抢劫者、英雄和懦夫、各种文化的创造者与毁灭者、皇帝与侍臣、相恋中的年轻爱侣、有前途的儿童、父母、发明家和探险家、教授道德的老师、贪污的政客、大明星、至高无上的领袖、人类历史上的圣人与罪人，通通都住在这里一粒悬浮在阳光下的微尘！

地球在宇宙视角是如此渺小的一粒浮尘。正是这一视角，唤起了卡尔·萨根对大自然无限的敬畏，由此激发出更为强烈的家园情怀。“硕大的宇宙夜幕中一个孤独的圆点，对我来说，它强调了我们在更友善、更积极地处理相互之间的关系上的责任，以及保护和爱惜这个暗淡蓝点的责任，这是人类已知的唯一家园。”没有这颗小圆点，我们的心再浩大，又能往哪里寄托呢？

热爱自然可以铸就感恩之心。

没有自然就没有生命，我们是自然的产物，是大地分娩的子女，是阳光、水、空气抚养的生灵。热爱自然，就是热爱我们的襁褓，我们的摇篮，我们的母亲。热爱自然能唤起我们的良心，能感召我们的反哺之爱，报效养育。热爱自然的人，绝对不会不问自己的付出，只求拼命索取。自然是宽容的、憨厚的，她不会跟你斤斤计较，不会对你的贪婪之欲、无情索取实现睚眦必报的反击。但自然也绝不会没有是非，没有爱憎。在你砍伐的地方，森林有一个创口，那是风暴的大门；在你挖掘的地方，大地有一个残缺，那是塌陷的成因；你的每一句污秽之词，都加添着你的肮脏；你的每一袋垃圾，都是你挥霍自然的证物，一定会有一个欠条记载着你的名字；你屠杀的每一个生命，跟你都有同样的权利，都是大自然平等挚爱的儿女；你吞下的每一口食物，其实就是另外一个与你等价的生命，你的生命，不就是他们的牺牲造就的吗！不就是大自然博爱的恩赐与恩宠吗！

没有感恩之心，生命就不配依附自然，人就无权在自然里生存。

热爱自然可以铸就超越之心。

生命是短暂的，自然是永恒的，我们是到永恒的自然里，走马观花地停留了那么一瞬。我们是自然的过客，坐在自然的客厅里，喝自然一杯茶，听自然一曲歌，吃自然两片面包，享受自然的热情与馈赠。我们也能欣赏客厅里自然的宝藏，把玩一下陈列在自然里的那些装饰，那些摆设，那些美景和器物。但是，我们得来的这一切，并非我们自己的。

我们无权也无法真正拥有。作为过客，我们应该克勤克俭，取舍得当，衣不奢侈，食不过量，保持做客人的基本尊严、起码教养。生不带来，死不带去，超然物外，轻松走过。

热爱自然可以铸就共享之心。

自然不属于哪一个人，哪一群人，哪一代人，你有我有大家有，日有年有世世有。自然告诉我们，不要慌张，不要急吼吼，人生应该从容一些，礼让一些，优雅一些。

我们要向圣人的淡定、自若、风雅、谦让学习。老子说："圣人不积，既以为人己愈有，既以与人己愈多。天之道，利而不害。圣人之道，为而不争。"圣人是不存占有之心的，而是尽力照顾别人，他自己也更为充足；他尽力给予别人，自己反而更丰富。自然的规律是让万事万物都得到好处，而不伤害它们。圣人的行为准则是，做什么事都不跟别人争夺。

下地割麦，不要连根拔起，还一点营养给辛苦的土壤。出海打鱼，不要为了装满你的船舱，连幼苗一起赶尽杀绝。深山采玉，不要为了多几块顽石而掏空别人的山体。授人以花，手有余香；受赠谦谦，心旷神怡。独吞一个大饼，容易撑坏自己；见者有份，皆大欢喜。上地铁的时候，不妨慢一点，冲锋陷阵会冲撞老人、孩子和柔弱的妇女，那不是你的家人，就是他的父母、子女或妻子。有一天你遇到一个跟你同样的人，你会被他踢翻在地。多几个你这样的人，你的妻子儿女和老人随时会失去安宁。做企业的时候，让利润薄一点，不要为了自己的暴富，而把别人压垮。社会从来没有把当官者饿死，当官者已经有了应得的报酬，不要再去谋求不该属于个人的利益，那是公众的财产，你权力再大也不可以多占。共存共享，拥抱温柔之乡；你争我抢，人人遍体鳞伤。

大海蒸腾，高山化雪，河流毫无保留地把自己注入汪洋，因而它永不枯竭，源远流长；树木不断剥离自己的枝叶，吐露气息的芳香，大地才不吝供给它营养，天空才任由它蓬勃地生长。汪洋是大度的教科书，森林是奉献的演示场。自然是循环的，社会是因果的。互惠互利，社会规则；平等共享，自然法则。心，当尊之，当循之。

2

初心即自俭，让我们返璞归真。

越复杂的生活，成本越高，越是把人拖入疲惫中，劳力劳心。前一阵子央视播放一部超级火的纪录片《舌尖上的中国》，把中国食不厌精的文化推崇到极致。饮食本来是为生命补充能量，如手机充电，汽车加油。可是，你吃一口菜，要求那么高，搞得那么复杂，追求吃行为本身的乐趣，已经到了变态的程度，要他人付出千般力，经历万般苦，其成本何其高，简直相当于为了手机有电，整天背着一部发电机跑；为了汽车加油，三里备一桶，五里建一站。你不能把吃作为生命的目的。生活本不需要那么复杂，让我们卸下包袱，轻装简行。简简单单是生活，明明白白是硬道理。

我们有些官员喜欢前呼后拥，胡吃海喝，退休之后，什么都不适应，觉得家常菜不可口，出门跟老百姓挤公交跌份儿，没会议开了，便整天闷闷不乐，觉得无事可做。于是乎事事不如意，处处不顺心，晚年健康幸福全无。

好生活需要的不是堆积如山的财富，用堆积如山的财富去装备生活，只能使生活成为生活者烦琐的累赘，那会压得你喘不过气来。感受生活的，是心而不是胃，感受的是里子而不是面子。好生活装在你心里，而不存在银行里。你看得清这一点，好生活只是咫尺之距，唾手可得。你看不清这一点，你就奔走在去往银行的路上，生活疲惫不堪，人生的风景，只有钱柜和棺材两个箱子。美国超级富豪洛克菲勒家族的小约翰曾经通过《时代》警告家人，财富是上帝的，你们不过是管家。他要家人明白，财富越多，管家越累，拥有巨大财富，跟拥有巨大幸福，完全是两回事。更何况，财富终究不能带走，而一颗幸福之心会跳跃在你自己的胸膛里，还会变成幸福基因，传达给后人。

近几年，我们的社会开始倡导“极简生活方式”。有的人盛赞这种生活方式，认为是物质满足之后的一种自在悠闲的选择，是中国社会经过高 GDP 疲顿之后的全新的理想处世方式。其实，极简主义生活观并不新鲜，古代中国庄子的淡泊、陶渊明的闲适都来自于此。他们的欲望有限，所以能满足于最简单的生活。庄子在名篇《逍遥游》中说：“鷦鷯巢于深林，不过一枝；偃鼠饮河，不过满腹。”它揭示生命的负担就是欲望需求的负担，生命的规律就是，你心里要的越多，你身上的负载就越大，生命的质量就相应缩水。口渴的偃鼠，它到河边喝水，充其量也就能把整个肚子撑饱了，河流再大，水再丰沛，对一只只能装一勺水的胃来说，意义不超过一条小溪，一方小水塘，甚或雨中干净屋檐的滴漏。所以，偃鼠喝完水，拍拍自己的肚子就一蹦一跳，离开了那条河流，快乐地玩去了。可是，人有时候却不一样。喝几口水，觉得解渴，欲望就膨胀到要霸占整条河流。然后，焦躁地徘徊在河边，玩命地圈占它，控制它的水流，不惜为之用尽力气，费尽心机，有的还因争夺而拼命，导致血流成河。

人把自己称为“高等生命”。就这一件事来看，人和小小的偃鼠，到底谁是高等生命，谁是愚蠢的生命呢？

极简生活的生命力在于，无论古今，无论中外，无论贫富，“简化欲望”都可以达到“简化生活”的目的。因为它是从主观欲望着手的，所以对任何阶层的人都是有效的、易于实现的。可以说，“简化欲望”是适用于所有人的节能、高效的生活方法。

当然，“自俭”是对个人欲望做减法，是简化自己的生活，不是逃避现实，不是简化事业，不是遏制发展，不是容许消极人生观。总之，不是给自己的付出做减法。懒惰和无为，不能成为自俭的借口。一个毫不付出、对社会没有任何贡献的人，再怎么“极简”，都是对自然、对他人、对社会的耗损。这个，当然不是人类的积极本愿。

3

初心即自致，让我们竭尽全力。

在实现人生目标的道路上，我们不能懈怠，慵懒的人是不可能做成事业的，只能一生碌碌无为。世界上没有等、靠、要就取得成功的事业，没有鼓励自己的公民吃闲饭、混日子的超常制度。一个普通人不奋斗，耽误的是自己，连累的是家人。一个企业主不奋斗，拖垮的是企业，砸的是员工的饭碗，耗的是一群人的心血。一个干部，尤其是领导干部不奋斗，影响的是一方事业，拖累的是一个群体，一个单位，一方百姓。一个政党松松垮垮，得过且过，糟蹋了一个时代，把国家、民族带向被世界步伐淘汰的危机。

中国有一句成语，叫杞人忧天。我从来没觉得这是一个笑话。我在中学的时候参加全国21城市哲学经济学小论文竞赛，得奖的作文就叫《“杞人忧天”又何妨》，说的就是小到一个人，大到一个国家，都要有紧迫感、危机感，竭尽全力去做好每一件事。你不卖命干，别人在卖命。何况你跟人家还有一段差距。我们跟别人一样卖命，都还不够弥补这个差距，同比还会落后。所以，要生于忧患。这个观点引起了专家们的共鸣。我得了一等奖。

有一个故事，说1952年7月4日清晨，加利福尼亚海岸笼罩在浓雾中，海岸以西21英里的卡塔林纳岛上，34岁的弗罗伦丝·查德威克涉水下到太平洋中，游向加州的海岸。假如成功了，她就是第一个游过这个海峡的女性。那天凌晨，雾很大，连护送她的船都几乎看不到。时间一个钟头一个钟头地过去，千千万万的人在电视上看着。有几次，鲨鱼靠近了她，被人开枪吓跑。她依然在游。阻碍她游泳的最大困难不是疲惫，而是海水的寒冷刺骨。15个钟头以后，她又累又冷，浑身发麻。她觉得自己不能再游了，就叫人拉她上船。她的母亲和教练在另外一条船上，告知她海岸很近了，叫她不要放弃。但她朝加州海岸看去，除浓雾外什么也看不到。她感到没有必要再坚持了。人们惋惜地把她拉上了船，这时候她才看到，原来大家并没有骗她，确实她距离目标已经很近、很近了。稍稍的懈怠，致使前功尽弃。只要她再坚持一会儿，她的壮举就成功了。

这个故事告诉我们什么？竭尽全力，是我们迈向成功目标所必需的条件。凡是对自己的努力和付出有所保留的，都会为失败埋下种子。

我们常说一句话，叫你争取前五名，那你不能像第五名那样努力，你应该像第一名那样努力，甚至比前几名都要更努力，你才有可能进入前五名。因为你在努力的时候，人家也没有歇着，何况你跟别人之间还有距离需要弥补。

我把竞技运动看成是一种“浓缩的人生”过程。就拿 100 米短跑运动来说：1894 年，人类创造了第一个男子短跑 100 米的世界纪录，成绩为 11 秒 2。以后经过 74 年时间，人类于 1968 年创造了 9 秒 95 的世界纪录；2009 年，博尔特在柏林田径锦标赛上创造了男子 100 米短跑的世界纪录——9 秒 58！这也是到目前为止最好的成绩。从 1894 年到现在，人类用了一个多世纪，极尽各种训练技巧，无数健将历尽千辛万苦，才越过了 1.04 秒的差距。而根据达尔文进化论，人类由于掌握工具之后对工具的依赖，以及生产力发展、物质宽裕带来的懒惰，使得听觉、视觉、握射等很多生理功能退化，远远落后于很多低等动物。你在哪里松懈，你就在哪里退化。些许的进步需要竭尽全力，一日千里式的落后，却只要些许的松懈。这就是残酷的优胜劣汰规律。

时不待我，唯有奋力。“撸起袖子加油干”，这也是初心存在的重要表现。

4

初心即自由，让我们自觉自悟。

匈牙利诗人裴多菲有一首传诵天下的诗歌《自由与爱情》：生命诚可贵，爱情价更高，若为自由故，两者皆可抛。自由是人类精神财富中最宝贵的塔尖，人人向往。一个民族的自由其实就是自主，一个个体的自由，细细看，内涵很深。可以肯定的是，自由无形，自由无利，自由不是物质，自由是一种状态怡然的心灵感受。中国人喜欢说“境由心生”，自由的境界很大程度上也是从内心获得的。

我们追求的自由，起步就是两份自由，自己所处的社会的自由和自己个人的自由。社会自由的获得，来自与压迫者的革命斗争取得的胜利，来自国家的独立自治，民族的自主自立；个人自由，来自与自我欲望的斗争取得的胜利。所以，当内心的自律成为一种习惯、一种品性，牢牢地限制住了欲望的野马后，真正的自由也才姗姗而来，开始纵横驰骋。某种程度上讲，自由是自我修炼的结果，而绝对不是自我放纵的获得。自我放纵，必然冒犯自然，冒犯他人，冒犯社会，成为一种必须受到自然、他人、社会惩戒的“不自由”。

心灵自由不自由，对人的潜力影响巨大。500年前，瑞士钟表大师布克曾指出：雄伟而又无比精致的金字塔，不可能是由奴隶们建造出来的，带着人身枷锁、充满心灵困苦的人，是无法完成这样的伟大工程的。金字塔是由一群快乐、虔诚和充满想象力的自由工匠创建的！布克突破常识的判断，后来得到一些科学家的认可，它来自布克本人的一个经历：他曾经因触犯宗教禁忌而被捕入狱。服刑期间，监狱方得知他是钟表大师，就准备好好利用他，在狱中制作出一批精良的钟表。可不管怎么努力，他在狱中都没有能制作出日误差低于十分之一秒的钟表，而在服刑前，他正是以误差绝对达到此标准成为闻名瑞士的大师的。出狱后，他又能轻松达到这个水平。他回想自己在狱中时，绝对没有怠慢工作，甚至为了立功还比在外面更努力，然而，就是达不到自由人状态下的水平。他感慨：坐在那里做钟表这样的精密仪器，必须长时间聚精会神，不能有半点散漫，说到底就是身体要绝对不自由，所以对一个钟表匠来说，坐牢对身体的自由的束缚，看起来甚至更有好处。但坐牢失去的最重要的自由，是一颗心的自由。布克自身的经历证明，没有自由的心就没有创造的活力。

这是自由最珍贵的真谛：真正的自由是心的自由。要获得自由，先建立自由之心；要建立自由之心，先建立规矩之心，先盘点自己到底心存多少规矩。酷爱自由的我们，得有这份自由的自悟、自律、自觉。

5

初心即自重，让我们天下为公。

人心无爱，自轻自贱。一颗自爱的心，首先是一颗自重的心。一个人只爱自己，一颗心只有拳头那么大，几百克那么轻；一个人只爱自己的小家，一颗心最多有几百平方米那么大，几斤柴米油盐那么重；一颗爱人民、爱国家、爱世界的心比960万平方公里还要大，与世界一样博大，如山高水长，如雷霆万钧。小心小爱，虚张自我，手段上位，有始无终；大爱无疆，心如泰山，大业恒久，稳健前行。位高权重，需要民心支撑；德不配位，再高也是危楼。既然知道高处不胜寒，就要赶紧俯身接地气。地气就是人气，人气就是民意。以公谋私，孤家寡人；你为人人，人人信任，你犯人人，人人喊打。人心是对等的，民心是赢取的，不是拐骗偷盗的。

老子说："圣人无常心。以百姓心为心。善者吾善之。不善者吾亦善之，德善。信者吾信之。不信者吾亦信之，德信。圣人在天下，歙歙焉，为天下浑其心。百姓皆注其耳目，圣人皆孩之。"意思是说，圣人常常是没有私心的，以百姓的心为自己的心。对于善良的人，我善待他；对于不善良的人，我也善待他，这样就可以得到善良了，从而使人人向善。对于守信的人，我信任他；对于不守信的人，我也信任他，这样就可以得到诚信了，从而使人人守信。有道的圣人在其位，收敛自己的欲望，使天下的心思归于浑朴。百姓都专注于自己的耳目聪明，有道的人使他们都回到婴孩般纯朴的状态。

圣人不光自己保持着初心，圣人的初心还感染了百姓，使他们的内心处在婴儿般的状态，可谓初心里的初心。圣人初心的核心就是以百姓心为心，天下为公。圣人的心，是“公心”，它装着天下人的善良、诚信和质朴，圣人自重，是天下之重，承载的是大无我、大无私。

我们无法攀比圣人，但至少我们可以以圣人为榜样，卸载小我、自私，装进爱。大处着眼，小处做起。大有大爱，小有小爱，没有不爱。

小爱，从自爱和爱小家做起。

自爱不仅仅是爱惜生理的自己。累了，给自己一个蒙头大睡的机会，渴了给自己泡一杯热茶，乏了给自己熬一碗鸡汤；一个人无聊了，找朋友小聚一次；在集体里烦恼了，躲进自己的一隅……这些是日常自爱的琐碎。但真正的自爱有这些还远不够。真正的自爱，是努力让自己一生充满快乐的心情，拥有人生的祥和。

因而，爱，比自爱，还是有了更多更多的内涵。生理的愉悦不能取代心灵的快乐，身体的舒适不能直接兑换人生的幸福。酒肉穿肠而过，好茶好汤的感觉，只在唇齿的那一瞬间。人生躲进小楼，未必能够自成一统。一场精心打造的小聚，把酒言欢，片刻的热闹，在盛筵散尽之后，又是漫长的孤独寂寞。生理之手的按摩，够不着深邃的心灵；自己能给予自己的那点关爱也太少太狭隘了，能有多少能量在空旷的心空驰骋？人的精神世界千头万绪，细细微微难以捉摸，莽莽苍苍无法周全，这些都需要更广阔的他爱，来帮你修正，助你理顺。而没有爱他，哪来他爱？一勺水不捐，担桶来取水，除非多占别人的江河。积溪成河，才取之不尽用之不竭；聚沙成塔，才能一日登高望到天涯。最重要的，还是从自爱开始，走进他爱，做好小爱，努力博爱。

自爱要通过他爱得到保护和实现增加，所以我们先要具备他爱的能力和心愿。那就从头做起，一点一滴去建立他爱。

小爱他爱，从家人爱起，从关怀身边人做起。

爱家人最好的方式就是尽义务的同时，陪伴好家人。在政治上风光一时的撒切尔夫人，由于疏于家庭，儿子失教，成为犯罪分子，女儿跟她感情淡漠，远嫁瑞士。退休后，那些曾经的追随者，烟消云散。77岁生日时，只收到四张贺卡。她把贺卡铺在桌子上，泪眼婆娑，痛悔不已。与家人的感情淡漠，成为这位伟人的人生之痛。没有陪伴，也不能算是尽到了爱家的义务。许多事业上风光无限的人，8小时之内忙得天昏地暗，抽空给家人打一个电话的心思都没有。8小时之外忙于应酬，觥筹交错，激扬废话，把所有精气神都留在了外面，一身烟味酒气，回到家交了工资卡就理直气壮，认为自己是合格的丈夫、父亲和儿子。俗话说，小家不爱，何以爱国？一个不好好爱家的人，哪里有爱国的能力！

他爱如钻石，让人格魅力闪烁其华。一个有他爱之心的人，走到哪里，都是一片春风化雨，其乐融融。你看到别人高兴，别人看到你欢欣。别人为你而感动，你为别人而动情。你为别人排疑难，别人向你诉衷肠。你遇别人掏心肺，别人引你为知己。

雀巢公司做过一个调查，说一个人，哪怕是一个事业成功、看起来人脉很广的人，一生交际再频繁，在这个世界上，也不过与最多80000人有一面之缘，最多结识交往200人左右。而这200人中，属于私交、生活中保持常来常往的，多的在40人左右，一般就在20人左右，有的只有3~5个。在此基础上，我曾经做过一个很有意思的调查，研究交际数量下的“质量”。结果发现，拥有 3~5 个私交、常交的朋友，质量最高，从交际中获得的满足感最强。拥有 40 个左右私交的朋友，多受朋友诟病，自己也经常发泄对朋友的不满，甚至认为他们是“累赘”，只因“朋友多是成功人生的标志”，不得已维系住这些关系的。这类人带着功利之心交际，他的爱只是用来装点自己人生的门面，这是何其虚浮，又怎能获得美妙的感觉呢？你没有沉下心来，真诚地关爱他人，他人怎会与你亲密无间、互为知音？你没有真心付出，别人又怎么会给你索取真心的机会呢？

所以啊，只要你想突破自爱，走进小爱，你就面临一场心灵的拷问：你是否愿意真诚地付出，不去过多考虑回报？你的爱，我的爱，他的爱，就像春风推动云层，云层化成甘霖，细雨滋润大地，大家只为那蓬勃破土的生命，茁壮成长，而从未计较每一个环节的回报，世界因此而有了美好的轮回。否则，你只能退回小家，甚至退回小小的自我世界，抱残守缺，自怜自艾去吧。

当我们走出小我之爱，实现小家之爱，完善他爱之爱，我们就很容易领会大爱重如山。

大爱是精英的责任，大爱是集体的力量，大爱是政党的初心。

播种大爱，心在众生，兼济天下，老吾老以及人之老，幼吾幼以及人之幼。对一个人而言，大爱得温暖、成抱负；对一个集体来说，大爱得事业、壮时势；对一个政党来说，大爱惠人民、得天下、创时代。

特蕾莎嬷嬷，身材矮小，孑然一身，把全部的爱献给世界各地贫民孤儿。她说：“人类最可怕的不是居无定所，病贫交加，而是心无所属，无爱无情。”她被称为世界圣母，她爱人人，人人爱她。

她看上去那么弱小，而以拯救天下弱小为己任，用大爱赢得了世界，成为人类永恒的神圣。路易十五身居金碧辉煌的宫殿，权倾几百万平方公里，醉生梦死，冷漠无情，有天下之公权而无天下之公心。他说：“我死后，哪管天下洪水滔滔？”他被钉在有罪赎罪的十字架上。他看上去那么强大，却以强大博一己私欲，用自私无情毁掉了江山，也毁掉了自己的人生，没有等他死，洪水就滔天而来，把他打翻在地。

最大的初心，是天下为公。它九天揽月，五洋捉鳖。它小扶弱草，大庇天下。它圆满自我，功德无量。它是藏在善者心空的圣光，汇聚在人类天空的太阳。大爱天下，大爱初心！

6

初心即自强，让我们克服懦弱。

法国作家维克多·雨果有句名言：“世界上最宽阔的是海洋，比海洋更宽阔的是天空，比天空更宽阔的是人的胸怀。”为什么有的人功成名就，貌似强大，内心却十分虚弱？是因为他的心里没有天空，没有海洋，只有自我。只有自我的天空，当然会头顶天花板，无法直立；只有自我的海洋，当然会情感枯竭，无法澎湃。心在尺寸之间游移，情在干涸之上流淌，内在的小我，哪里有条件成为巨人呢？它只能萎缩在那里，无法伸展。有的人，事业大、心胸小，位置高、境界低，德不配位，品不够格，小动力拖大车，举步维艰，欲速不达，还眼看着就会翻车。

财富大、事业大，不是心胸大；学位高、职务高，不是内心的强度高。内心的强大才是强大，是真正的自强。一个人最大的困难，不是来自外部，而是来自自我。你无法掌控和改变你外在的敌人，只能做大做强你的内心。所以，不要在那里怨天尤人，赶紧站直你的身子，扩展你的胸膛，修养你的心灵。

加拿大帅哥总理特鲁多，小时候曾作为礼童迎接访加的美国总统尼克松，尼克松问他，小朋友长大了想做什么。特鲁多毫不迟疑地对尼克松说："像你一样，成为加拿大的元首。"尼克松很高兴，用拳头擂擂特鲁多的小胸膛，说："我完全相信你能做到，但这里必须强大。"

尼克松这个动作、这句话，让特鲁多找到了方向，那就是建立自己强大的内心。特鲁多喜欢上拳击运动，以高强度的打击来训练自己内心的力量。多年之后，他真的当上了总理，有记者问他成功的秘密，他擂擂自己的胸膛，说秘密就在这里，尼克松先生早就告诉了他。他说："譬如拳击，我为什么喜欢这项运动？因为它让我找到人生的真谛——人们总以为拳击胜利的重点，是对手与你的力量差距有多大，以及你能使多大力气打击你的对手，其实不是这样。拳击的重点是你的心能镇定自若地承受多大程度的击打，并且坚韧地继续下去，还要源源不断地爆发出抗击的勇气。"

特鲁多告诉我们：内心强大，无关外部。其实，你的确无法干预你的对手，你无法改变他们的力量，站在擂台上，你也无法缩小你与对手之间固有的力量差距。你能有所为的，就是你的内心能释放多少坚韧，多少勇敢，这是你自己可以做主的事。

美国有一部著名的展现坚强人生的励志电影《当幸福来敲门》，主人公在底层社会摸爬滚打，历尽千辛万苦，最终取得了人生的成功，成为一名优秀的基金大佬。这是美国的一个真实故事。主人公的原型、纽约著名股票经纪人加纳德，从穷人变成富豪之后，送了一句话给人生道路上的拼搏者："主啊，请不要帮我移开面前的大山，而是赋予我内心有翻越大山的勇气。"加纳德无论是在贫穷还是在富裕的时候，都坚持几个基本的原则，绝不动用任何不道德的手段去谋取利益，绝不为了摆脱自己的困境而踩着别人的肩膀，绝不忘记曾经的岁月与处境，永远做一个普通的好人。在他带着未成年的儿子流落街头的时候，他没有白拿别人一片面包，没有在排队领取救济物品的时候插过一次队，没有在儿子那里散布过一句对他人对社会的不满，没有播种过任何暴力和仇恨的种子，更没有设计过任何贵而威武、富而奢淫的恶俗成功期盼。在他取得成功之后，他依然过着简朴的生活，并用自己的财产捐建了一个他年轻时受过帮助的那样的贫穷好人基金。

有这样一颗心，在再大的困难面前，还有什么唤起不了的勇气！

7

初心即自厉，让我们常戒常勉。

《三国志·诸葛亮传》里说诸葛亮的抱负，"至于吏不容奸，人怀自厉，道不拾遗，强不侵弱，风化肃然也”，自厉是古代士大夫抱持的情怀，是历代成功人士的初心要领。我们要学习先人，有自厉的意识和习惯，对自己要保持高度的戒备，并激励为远大、长久的人生目标奋斗。切切不要鼠目寸光，对小恩小惠、对眼前利益心动，甚至克制不住自己去染指。这是很危险的。作为社会的一员，我们要怎么做？让我们一起学习一下大家再熟悉不过的古训：“古之欲明明德于天下者；先治其国；欲治其国者，先齐其家；欲齐其家者，先修其身；欲修其身者，先正其心；……心正而后身修，身修而后家齐，家齐而后国治，国治而后天下平。”这是自古以来，士大夫阶层对自我的要求。那些要使美德彰明于天下的人，要先治理好他的国家；要治理好国家的人，要先整顿好自己的家；要整顿好家的人，要先进行自我修养；要进行自我修养的人，要先端正自己的思想……思想端正了，然后自我修养完善；自我修养完善了，然后家庭整顿有序；家庭整顿好了，然后国家安定繁荣；国家安定繁荣了，然后天下太平，才能心安理得地与百姓同享富强盛世。

这也是儒家思想传统中知识分子尊崇的信条。以自我完善为基础，通过治理家庭，直到平定天下，是几千年来无数社会精英的最高理想。是的，这个目标就是我们初心的格局。而一个完善的自我核心，无非就是一颗廉洁奉公的初心。

孟子曰：“仁，人心也；义，人路也。舍其路而弗由，放其心而不知求，哀哉！人有鸡犬放，则知求之；有放心而不知求。学问之道无他，求其放心而已矣。”孟子说，仁是人的本心，义是人的大道。放弃了大道不走，失去了本心而不知道寻求，真是悲哀啊！有的人，鸡狗丢失了倒要赶紧去找回来，本心失去了却不去寻求。学问之道没有别的什么，不过就是把那失去了的本心找回来罢了。做人之道，何尝不是如此？我们每个人在生活的每一天，摆脱着黑暗，迎接着曙光，沐浴着春风，在雨露阳光前行，都不要忘记带上初心。

让我们永远保持初心，牢记伟大的使命，始终走在中国梦强国梦的光明正道。

长路漫漫，有心不慌。

Wen Zhi Pian

问之篇

万象：透过文学，看心纷纭

历史是概括的真实，文学是具体的真实。

前些年，有些人惊呼：“经济发展了，风气却在败坏；精英很活跃，人心却在滑坡。”这成了一个怪现象，成了一个怪问题。一个社会，当然应该精英辈出，精英活跃。精英活跃，本身不是坏事啊，怎么导致社会风气和人心滑坡呢？这正常吗？是一个国家、一个时代独有的吗？还是任何国家、任一时期都难免发生的？是一种偶然，还是必然？或者说是必然产生的一种偶然？

寻寻觅觅，我摸索着答案。

人类社会对精英的定义和期望，早有结论。精英是满足了平民化的正常需求之后，在精神或物质两个世界，以自己剩余的理想和努力，为他人、为社会作出更多贡献的人。他们一般不求这部分贡献的外在回报，只求这种内在美好的自我价值的实现。

干部是党和政府的中坚力量，企业家、文化名流、能工巧匠、百业骨干，他们是社会的中坚力量，这些中坚力量就是精英。只要他们的精神符合精英的定义，他们的德行符合人们的期望，社会哪里会出问题呢？人心怎么可能会颓败呢？

可惜，当时很多社会精英、党员干部的生活方式和观念都是与传统意义上的精英背道而驰的。很多所谓的成功人士认为，香车宝马是成功者的装备，享乐是奋斗者的福利，腐败是经济发展的润滑剂；拉拉扯扯，是为了搞好关系，吃吃喝喝，有助于招商引资。所以，依照这种逻辑运作下的社会，很快呈现出“应酬复应酬，天天忙不休，社交公关人情事，尽在酒里头”，“工厂变歌厅，书店开酒楼，吃喝玩乐百年计，夜夜有笙歌”，“世事多变幻，官场巧运筹，相互照应方便多，公款交私友”。尽管这些被一些人传诵的打油诗，有些为了恶讽而夸张，但它至少揭开了社会的某些层面，扒开了许多伪精英生活光鲜和事业有成的画皮，刻画出一种严重的政治生态、生活形态及其蔓延扩展的局势。

一部分人在作为，一部分人在困惑，一部分人在作为后困惑，一部分人在困惑中并未停止作为。

一个冷静的头脑，一颗纯净的心，无法在这种状态下保持平静，更无法贸然跟进。我们需要的不只是抨击，还需要明白真相和真理。作为一个作家，我更欣赏马克思的一句话，从那里得到一些启发，一种寻找问题答案的思路：杰出的小说家，通过自己生动的杰作，向世界揭示的政治和社会真理，比所有的职业政治家、政论家和道德家加在一起所揭示的还要多。

噢，我明白了：也许，历史仅仅是概括的真实，文学才是具体的真实。

我在不同时期的浩瀚书海中摸索，打捞出几本著名的文艺作品。

我们困惑的现象和人心，在这些作品里找到些许的对应和答案。

19世纪中叶，伟大的作家狄更斯走在伦敦的街头。天空中阴霾密布，偶尔下几滴小雨，打在他的浅色风衣上，瞬间就爆成一个花朵状的污点。抬眼望去，母亲河泰晤士河，肮脏的河水携带着花花绿绿的垃圾，艰涩地奔腾着，并向空中散发出滔天的恶臭。一个年轻人以迅雷不及掩耳之势，盗走他口袋里的几个硬币，从他的身边溜过。巷口打扮妖艳的女郎，争相拖拽他进去交易。他刚刚摆脱她们，一个肮脏的瘦小孩，不知从哪里冒了出来，一把抱住他的大腿，向他乞讨。他站住，低头望着孩子无助的眼睛，抬头远眺城市的边缘，到处都是烟囱，冒着滚滚浓烟。他的耳边，尽是林立的商铺传出的疯狂吆喝。他眼中溢出了泪水，滴在孩子的笑脸上，小孩惊呆了，松开胳膊，跑向一对刚刚从奢侈品商店出来的情侣……狄更斯回到出租屋，就开始创作《雾都孤儿》这部后来成为世界名著的伟大小说。

小说真实地反映了英国19世纪的社会面貌，反映了工业革命迅猛发展，每个毛孔都滴着血的资本主义经济步入快车道后，政府不作为，社会管理不力，新兴资产阶级只顾追求巨额利润，不顾环境恶化、民生凋敝的现实。2015年我的一部小说《依偎》出版英文版，参加伦敦国际书展上的新书首发式，遇到《依偎》的翻译、剑桥教授费尔南多先生，我问他，我到伦敦一个星期了，为什么都是晴空万里，没有见到“雾都”？费尔南多先生一听这个问题就笑了，说好几个中国朋友问过这个问题，这是一个可爱的问题，说明中国人很多读过《雾都孤儿》，形成了对伦敦的印象，现在伦敦早不是那个时代的样子了。

狄更斯笔下的伦敦，大街小巷，充斥着偷盗抢骗，穷人得不到福利保障，孤儿得不到政府的照顾，社会道德严重滑坡。资本家忙着赚取暴利，官员浸淫于腐败。小说中愚蠢、贪婪、心肠冷漠的教区干事“邦布尔”后来在英语中演化成贪腐小官员的代名词，就如同我们现在描绘基层贪腐干部用的“苍蝇”一词。《雾都孤儿》具有巨大的感染力和认知价值，环境恶化的深处是人心恶化。而人心恶化者，上有政府官员、资本家，下有平民百姓，甚至殃及孩子，祸害后人。

同时代在欧洲的另一个文明古国法国，巴黎歌剧院门前性感的海报前，站着一位长相清瘦、忧愤的男子，他就是著名的自然主义文学作家左拉。他面前这张海报色彩斑驳，但掩不住海报上女演员的风骚妖媚。就在前不久，这位名震巴黎上层社会的交际花明星，得病死了，她的几十个情人，一群权贵男人，为她掉了几滴眼泪之后，开始投入新的醉生梦死。左拉决定以这个交际花的经历为素材，写一部揭露巴黎上层社会堕落的小说，这就是后来的世界文学名著《娜娜》。

《娜娜》写了巴黎歌剧院的三流演员娜娜，性感媚俗，没有任何艺术修养和廉耻之心，但是深谙时代的拜金术，熟练掌握攻心术，玩弄男人于股掌之间。巴黎上层社会的权贵们对她万般逢迎，趋之若鹜，被她支配得团团转。结交娜娜成为上层社会的一种可以炫耀的资本。新兴资本家、银行老板、农场主、文化名流、共和国的部长，甚至皇亲国戚，争相拜倒在她的石榴裙下。有的为她倾家荡产，有的为她抛妻弃子，甚至有的为她奉献了生命。娜娜就这样成为光芒四射的明星，成为男人们的偶像，成为这个世界里的“圣母马利亚”。

左拉是一位文学大师，他用娜娜这样一个有胸无心的交际花，来打造出一个上层社会的群丑舞台，让权贵们纷纷登台亮相。娜娜身上反射出上层社会的颓败之光，映照着社会各路精英的灰色心灵。左拉告诉读者，资本主义发展到一定时期，社会会失控，人们不警惕，人心将溃烂。传统黯然消逝，无耻闪亮登场，道德狼狈落败，肉欲蓬勃生长，处在这个社会上层的权贵，堕落成一群没有灵魂的行尸走肉，最终只能醉生梦死地狂欢，全然不顾灵魂最终是上天堂还是下地狱。这样的人处在社会的顶端，手握实权利器，是何其危险！他们怎么可能关怀众生，建立秩序，把自己的国家变得文明富强？

我们再来看看黑暗腐朽，被称为“长夜难明赤县天，百年魔怪舞翩跹”的中国封建社会，一部经典文学《金瓶梅》里的明代。

明代中后期在历史上被定义为资本主义萌芽阶段，手工业、贸易等蓬勃发展，而明朝的皇帝们正处在一种安乐死状态，对精神层面的治理毫无方略。封建士大夫精神在流失，一种新生的由无良奸商与封建官僚共同勾兑出的社会潮流，混浊滔天。《金瓶梅》里写的尽是官商勾结，鱼肉人民，权贵腐朽，人性堕落。第十七回里，宇给事的参劾文书描述国家现状：上下官吏“徒以利禄自资”“中伤善类”，导致“天下之膏腴已尽，国家之纲纪废弛”。你看，官吏们没有额外的好处，都不愿意干事了。对善良、正直这些正向品格拼命挤压，欺凌，消灭。天下的油水，被官僚和奸商瓜分得差不多了，国家的法制，几乎崩溃。所以，才有暴发户西门庆横行乡里，为所欲为，杀心四起，色胆包天。

几百年来，一直受到争议的《金瓶梅》连篇累牍地充满了肮脏污秽的刻写，被许多人误解为极度描黄写色，意欲成就一部千古艳情之作。其实，仔细一想，那些艳情不过是作家的一套幌子，过度渲染，其实是作家对社会黑暗面的大不满与狂发泄。作家的目的，还是批判封建统治者治理不善导致的罪恶现实。

半殖民地半封建社会状态下的国民党统治时期，也有一篇“反腐小说”，张天翼先生的《华威先生》。这篇小说曾在人教版的中学语文教材里待了几十年，新中国成立后的几代人耳熟能详。华威先生是国民党政府的一名机关官员，每天上班夹着公文包，西装革履地赶场子，一会儿到城东剪个彩，一会儿到城西讲个话，一会儿以慰问为名串个门，夜幕降临了，兴致勃勃地来到饭店，以吃请结束了一天的公务。这就是一个貌似很“勤政”的官员日常工作的现实。虚伪，客套，一本正经地做无用功，认认真真地走过场，加上一点利用身份和权力的吃喝习气——多么虚伪的人格和漂浮的作风！张天翼先生通过这些执行公务的官员的表演，揭露了温雅式国民党腐败，这种腐败以温水煮青蛙的方式，最终造成政党腐化不治，彻底垮台散架。

《华威先生》揭露的社会真相，就是政府把官员这个本来用来担当国家责任的精英群体，驯养成了油滑、懒惰、无为和贪婪的利益集团，用这样疲软、市侩的老油条来治理国家，国家哪有什么希望，恐怕要维护基本的社会稳定都没有办法，更不要说拯救当时中国社会新旧交替、思想混杂、山头林立、形势非常复杂的糟糕局面了。

改革开放后物质浪潮汹涌澎湃的 20 世纪 80 年代、90 年代，当代作家贾平凹先生写了一部广受诟病的长篇小说《废都》，是新中国成立后第一部关于精英大面积堕落的小说。价值体系的断裂，其实就是人心的断裂，尤其表现在社会精英群体的人心断裂。《废都》里的文化名流和政府官员，怀疑和抛弃甚至践踏曾经的传统情怀，企图跟上日新月异的社会转换的趟儿，却一脚踩在断裂的冰层上，四处漂浮，无所适从。堕落颓废，成了他们内心世界唯一的罂粟花。

《废都》是对名利面前大面积溃败的精英的激烈批判。它也是一部预言书，贾平凹先生看到了社会的滑坡，从精英滑坡开始的巨大险情。不幸的是，21 世纪之后一个时期的社会形态，果然被《废都》猜中。冯小刚借《非诚勿扰》的主人公秦奋之口骂该时期的社会精英："冒充上流社会，哪有上流啊，全是下流，就是一帮寄生虫，骗吃骗喝骗炮打。"旁边的一位劝他别骂了，说再骂连自己都骂进去了。

综上，从"雾都"到"废都"，不管是哪个时代哪个国度，人心的变化会集中于时代的交替口，社会的滑坡又是由精英的心灵滑坡来主导的。时代变革是人心变化的源头，社会变化是人心变化的结果，精英阶层人心变化又形成新的源头，加剧社会变化和更广泛的人心变化，出现新的结果。最后，人心和社会互为源头，彼此结果，形成恶性循环。民族，国家，从此险象丛生。

从古今中外短短几百年历史里区区几部文学作品，我们不难找到现实的对应和源头。以上作品里的现实描写，无论是古是今，是中是外，我们都不陌生，都或多或少能在当今的现实里找到一些案例。透过文学，察看今天，我们还是可以看懂许多真相的。

源头之一：历史的、时代的、社会的转型共性。农耕经济向工业经济过渡，计划经济向市场经济转换，自给自足、小国寡民、清心寡欲，遭遇贸易开放、市场活跃、拜金主义。经济形态急剧变化导致的社会形态转型过程中，人的潜能和欲望，一并释放并野蛮生长。价值取向发生变异，新旧思想鱼龙混杂，制度建设尚不完备，精神无所依附，功利成为寄托。人心的各种腐败堕落，就从这种社会大气候和周边小环境中潜滋暗长，甚至蓬勃发育，直至产生巨大危害，有时甚至到了殃及国家前途和民族命运的时候，才有可能引起高度警觉。

第一次、第二次工业革命时期，都是人心变化社会滑坡的激烈的历史时期。最后，都是通过大规模战争，彻底摧垮人心世界，才在战后的剧痛中，重新构建出有序的社会和人心世界。幸运的是，整个世界的文明大大超越既往世纪，加上我党强大的纠错功能和千年古国的博大文化净化，我们的社会没有崩溃，止于半坡；我们的人心虽然有损，但未完全破碎，止于这几年重锤响鼓反腐败、全民举国正风气的浩荡之中。

源头之二：人的因素，即精英的堕落，尤其是官员大面积腐败，形成社会追踪效应。习近平同志曾一针见血地指出，一个时期以来，党内政治生活中也出现了一些突出问题，主要是：在一些党员、干部包括高级干部中，理想信念不坚定、对党不忠诚、纪律松弛、脱离群众、独断专行、弄虚作假、庸懒无为，个人主义、分散主义、自由主义、好人主义、宗派主义、山头主义、拜金主义不同程度存在，形式主义、官僚主义、享乐主义和奢靡之风问题突出，任人唯亲、跑官要官、买官卖官、拉票贿选现象屡禁不止，滥用权力、贪污受贿、腐化堕落、违法乱纪等现象滋生蔓延。仅党的十八大到十九大之间的5年，我党处理腐败案件的总存量达100多万件与100多万人，受处理人员的数字和官阶惊人。党的十九大期间中纪委发布消息：前五年，440多名省军级以上干部和其他中管干部被立案审查，另有十八届中央委员、候补委员 43 人，中央纪委委员 9 人，纪律处分厅局级干部 8900 余人，县处级干部 6.3 万人……这些人是源头也是结果，他们中一些人腐蚀、拉拢和助推过更多的精英，甚至百姓，卷入滚滚洪流。子曰：“人之过也，各于其党。”孔子说，人们的错误，总是与他那个集团的人所犯错误的性质是一样的。恐怕说的就是这个道理。圣贤如同穿越时间长廊，对今人的社会状况一目了然，一言以蔽之。

有一个案例，是最好的说明：广东某中等城市的工商局原局长荣某的生活作风腐化，引起部分领导干部效仿，除荣某之外还有多名工商系统干部发生过婚外性行为，因婚外情等涉腐干部全系统达到 70 多人。其中一名处级干部甚至违规占用单位公房，带女人成双成对出入市工商局大院，公然嫖宿。荣某成为腐败分子，转而成为其领导的整个系统腐败的源头。

其中，由腐败精英派生出的腐败新源头，最大的危害不光在同僚，而且在污染社会，影响平民。若干年前我曾经在这个城市的一个平民小区居住。这里有大量的老国企下岗职工。我的邻居夫妇双职工下岗，靠最低工资和社会福利生活。夫妻两个勤俭节约。因住在一楼，就拿出靠路边的房间破墙开了一个馄饨店，挣点小钱供女儿上学，立志把女儿培养成才。女孩子长得很可爱，也很懂事，每天早出晚归，背着好大的一个书包，来来回回，看到邻居都打招呼。我们为这家高兴，因为从孩子身上看到小家庭未来的希望。经营了一两年，小店的生意越来越好，据说收入可观。可邻居们还没有来得及祝福呢，这家却不平静了，夫妻俩经常吵架。原因是，馄饨店挣到钱了，男主人的腰包鼓起来了，买西装买领带买皮鞋买摩丝，每天晚上皮鞋和头发都锃亮地出门。干什么？吃喝，跳舞，桑拿，深更半夜才满身酒气回家。老婆觉得丈夫是男人有钱就变坏，跟他吵。丈夫振振有词教训老婆，说：“你以为我喜欢花钱买这罪受啊？我这是没办法！我这大小也算个老板了，好容易爬了一个社会台阶，可以加入上流社会，能够交到有点档次的朋友了！我不应酬，怎么交到这些有头有面的人物？一家之主没人理，我们家怎么提升地位？我们的女儿，将来谁能为她谋前途，好工作会等着她吗？没有优秀人脉，怎么门当户对找个好婆家？如今那些成功人士哪个是一下班就回家，天天守着自己的老婆孩子三尺地？有了事，出门一摸瞎，你说，咋办？你有本事能把他们都弄回各自的家，那我也老老实实待在家里，省钱又省劲儿。你真是头发长见识短，时代不同了。”

这番话可谓理直气壮，骂得他老婆哑口无言，从此只好睁一只眼闭一只眼，为了家庭地位和女儿的未来，忍声吞气，任由男人在外鬼混。

后来我搬家离开了那个小区。过了几年，有一天回去看老邻居们，得知了这家的现状：馄饨店还在，生意依然不错。女儿高中毕业后没有考上大学，父亲的确通过酒肉朋友，为女儿找到了一份工作。但这孩子在成长过程中，受爸爸的生活方式影响太深，上班两个月，感觉八小时不自由，太难受，每月几千元死工资太不够花，一咬牙就辞了职，直接去夜总会上班了。据说，她每天跟她父亲一样，傍晚浓妆艳抹地出去，深更半夜酒气熏天地回家。

我不由得一阵心痛，眼前浮现出那个每天路过我家楼下，看到我天天喊一声“叔叔好”的单纯的孩子。

很难想象，一个常年浸泡在夜总会的小姐，能有一个美好的未来。很难想象，会有一个男人，真心诚意尊重和爱一个以娱乐陪侍为职业的姑娘。一个父亲，一个小小馄饨店的店主，其实就是一个口袋里多了几张钞票的平民，竟然被恶俗拖下水，变成一个“腐败分子”。而这个蚂蚁大的“腐败分子”又成了一个家庭的污染源头，并直接戕害了下一代的幸福。

以上是我透过文学看精英。我最近写了一部长篇小说《撕裂》，试图通过文学“拯救”危途中的精英。在万象凌乱的社会形态下，精英主人公张某挣扎、无奈，不得不放弃初心，同流合污，由此取得阶段性人生胜利……最后，为了消除隐患，也凭着一点残余的良心和党性，痛下决心，与曾经支持他的同僚切割，与自己的过去撕裂。这是一个还算清醒的精英,在党的十八大之后新的形态下所做的痛苦选择，及时挽救了自己的人生，没有彻底堕入《追问》式的下场，但他付出的人生代价是巨大的。

正如我们的国家，虽然曾及时调校了前进的步伐，回归到光明的路途上来，但我们哪一次调校没有付出艰辛而沉痛的代价？

本章收尾的时候，我还想再说说精英精神。我觉得精英要优雅，而优雅来自优秀的文化教养。我们中华民族是礼仪之邦、友善之邦，其文化精髓里，不乏优雅。我们要多学习古人，尤其是古代的士大夫风度。知书达理，谦谦君子。远离那些世俗粗鄙的生活方式和朋友圈，修炼一颗崇尚清高境界的初心。精英还要懂得回馈，自己的成功得益于社会，所以要有坚定的社会担当，力所能及地奉献。中华民族是博爱之族，担当就是建立博爱之心，“先天下之忧而忧，后天下之乐而乐”，“老吾老以及人之老，幼吾幼以及人之幼”。精英要独立，要有一个自由自主的灵魂，不被世俗和功利绑架，坚定地保持纯洁。

万象之中，看清纷纭。不存初心，何来精英？

追问：面对面的心痛神伤

追名逐利是风投，成功被讨利，失败被追债。

在现实与理想星空下的摸索

党的十八大之后不久，我被任命为一家省属文化单位的纪委书记。毫不讳言，我的人生因此有了一些改变——最大的改变，当然还不是生活，而是内心。几年里，我所闻所历、可以深度嵌入记忆的非常故事，比任何一个工作时期都要多，我的内心振荡频率与幅度，远远超过既往。

在我担任纪委书记的几年间，我参加了中纪委和地方纪检系统的好几场学习活动。每次的学习班都有一个固定不变的课程，那就是心理辅导。2015 年秋天，在中纪委监察部于河北举办的一个学习班上，一位著名心理干预专家前来为我们上心理辅导课。他一走进课堂，就对来自中央部委和全国各地的 200 多名纪委书记学员开门见山地说："如果我在生活中，而不是在今天这个课堂上遇到在座的任何一位领导，我都会像绝大多数百姓一样，用崇敬的眼光仰视你们，当下，纪委书记这个职业，在赋予你们重托的同时，赋予了你们很多的荣誉，甚至超凡的力量感。然而，今天你们端坐在我的课堂上，说得轻松、好听一些是我的学生，说得严重、难听一些，是我的病人。因为，你们的职务使得你们获取了很多负能量信息，你们心里的沉重故事太多太多，随便拿出一个故事，就能让一个普通人听得心惊胆战，扪心捶胸，甚至心理崩溃，而你们却要一年365天，去背负越来越多的这类故事，镇定自若地走在雷霆万钧的路上。从我们心理学的角度看，你们就是病人，你们需要放松、再放松，放下、再放下，党性固然可以强大你们的内心，但内心超载太多，就难免弯曲，直至破碎。”接着，他关掉大教室的灯，播放一段舒缓的音乐，让大家闭目静思。5分钟后，音乐结束，灯光亮起，课堂里闪闪烁烁的，尽是泪光。

教授接着说：“然而，任何事物都有其多面性。我们累积的负能量信息，是从社会繁多的正能量信息中剔除出来的。它是正能量的观照，是明辨是非，为社会病理寻本溯源的介质。”

但是，这些，你必须倾倒出来。

在那一刻，在闪闪的泪光中，我的心里突然像被一道闪电划过，无数的纠结豁然消释，许多的言语奔涌而出。那些由“亢奋”带来的迷惘，那些写作实践中的梗阻，似乎在一瞬间找到了突破。

不久之后的一次工作交流中，上级纪委的一位领导则对我说：“你是一位作家，比一般人更敏感。你跟我们一起感受到了反腐败这份职责带来的情感冲击，面对的有怀疑和曲解，有助阵有反感，万人千面，百种声音十条心，你要梳理清楚，替我们发声，替我们，也替我们在挽救或斗争的那个群体，做真实的文学表达。你写了很多作品，但你欠一部从自己本职出发，而到达群体内心的作品。”他还说：“我们说到底，做的是人心、人性的工作，纪委书记本质上跟作家没有什么区别。”

我决定写一部作品，比《亢奋》更现实，更深入体制内人心、人情、人性的作品。在灵感出现的时候，它的寒冷和尖锐，使得我没法去想象除纪实文学之外的任何一种文体，可以驾驭它！是的，它必须是纪实的，文学的一切生动，都要为它血淋淋的真实所服务。

在灵感出现的那个夜晚，我既兴奋又痛苦，我知道这部作品一旦写出，投放社会，也许会引起意想不到的反响。

决定写这部作品，开始我的“问心之旅”后，我陷入了经常性的失眠。躺在床上，想见从白日的喧嚣中宁静下来的夜空，闪烁的是无数的星星，暗藏的是莫测的黑洞。人类喜欢把博大的宇宙比喻成自身的心灵世界，所以，遥望星空的时候，往往就是追问自己的心空的时候。睁大眼睛，难以入梦。与其说在夜空失眠，不如说是在心空里徘徊。替我这个群体，也替他们那个群体。偌大的中国，芸芸众生。夜空下真的不知道有多少人混沌，多少人清醒，多少人因混沌后的惊醒而无眠。

追问的魔力

通常，一个人容易从他的“出身”里找到表达的方式，形成话语的风格。“纪检”这种背景里的作家，必然有话题的诸多顾忌、表达的诸多障碍。出于身份的严肃性，我们慢慢养成了“说大、不说小”的习性。具体来说，就是宣讲政策、解读纪律、破译重点案例的时候，口若悬河，说到自己的日常工作，则寥寥数语，甚至三缄其口。但是纪检事业完全又是做“人”的工作，做“人情、人心、人性”的工作，时间长了，感动太多，感慨太甚，感悟太深。心中有事，久憋成患。即便不为自己，从做人的责任与担当的角度出发，我也需要把从业心得与人们分享。事以知之，情以动之，理以晓之，我认为这应该算是尽一份本职。

长期以来，纪检这个行业沉在沧海之中，其力量推动社会文明进化，有着看不见的波澜壮阔，有着听不到的声情并茂。清风不弄潮，浑气来作浪。这个行业的艰苦与辛劳，往往被神秘的面纱笼罩，被误读的雾霾覆盖，太多的故事在口传之间变形走样，最终成了八卦。而八卦给人们留下的印象，像游戏，像编派，文过饰非，无奇不有。诸多的故事，难道不能以正视听，难道不够振聋发聩，让听者动容？我们为什么不去传播这些故事呢？此情此义，在目前的世风下，难道不是一场润物好雨？我想，这大概也是我的一些同行纷纷把这些填埋在心里的故事拿出来，随时准备大白于天下的缘故吧。

然而，我写作的《追问》，所“追问”的并不是自己和同行的阅历。“追问”是从自己和同行的立场出发，披荆斩棘地上路，进入另一个群体——一群被处分或法办的中高级官员的人生历程和内心世界。能否做好一场追问，在午夜的星空里，寻找到黑洞深处有价值的“暗物质”，取决于我到底能不能勇敢地进入这些黑洞，却保持着光明的睿智和温和的倾听姿态。

从上级纪委提供的公开半公开的633个案例中，我遴选出28个省管以上领导干部违纪违法典型，最后成功与他们接触，与其中的13人面对面长时间交谈，获得了数十万字关于他们人生道路、心灵历程和灵魂语言的第一手资料。最后，又从中选择了8个典型，进行深度记述。

在将近两年的材料消化、当面访谈、实地采风和着手创作的过程中，毫不夸张地讲，我的精神状态几度近乎崩溃。固然，浩瀚的材料研读和大量的走访活动，使我宵衣旰食，但最折磨人的，并非艰巨繁杂的工作量，而是身份的扭曲和心灵的灼烧——作为一部口述体的纪实文学，作者必须进入讲述者的身份，遵从讲述人的所谓逻辑，认同他讲述过程中流露的一切好恶，反映他原本的内在形态，并以此触摸到他灵魂的真实。而这是一群怎样五花八门的灵魂啊，一套套多么荒诞的人生逻辑，一种种多么无常的好恶，一番番多么怪诞的精神形态，它们纠结在一起，混乱成一团，违拗着你的常情，颠覆着你的常识，涂改着你的常理。多少次，我对自己说，我无法睿智了！多少次，我对自己说，我无法温和了！当我太多地追问了他们的灵魂之后，我感到自己的灵魂成了他们的“众追之的”。

一天夜里，当我又一次陷入这种写作困顿的时候，我忍不住拨通了艺术家朋友陈吉安先生的电话，向他请教如何走出这种糟糕的写作状态。我之所以选择向陈先生求助，是因为若干年前，我听说他正在采写一部关于“造反派”的纪实文学。许多当年的造反派进入老年，开始反思自己年轻时的冲动，愿意倾吐那段扭曲的爱恨情仇。陈先生在电话那头果断地对我说：“立即终止，放弃写作。”我吃惊地问他，为什么。他说：“我打算写作造反派后，找到了几十个采访目标，都是当年的造反骨干，极有故事，也愿意说出来。但我交谈了三个采访对象之后，发现他们很平静，我却要崩溃了，我的心理无法承受那么多负面的东西。所以，我毅然放弃了这个写作计划。”他还忠告说：“你不能让自己长时间浸泡在别人的脏污的河流里。寻根追源，排污清淤，固然是好事，但做任何事都要先丈量自己的承受底线。”放下电话，我停止了将近一个月，不再触摸写作的键盘。我的心，充满了畏惧。然而，在一个阳光明媚的下午，我读到了 20 世纪享誉世界的文学大师乔治·奥威尔的一段话，阐述“我为什么写作”——“写一本书，就是一次可怕的、让人殚精竭虑的拼争，就像是经历了一场漫长的疾痛折磨。若不是受到他既无法理解也无法抗拒的魔力的驱使，一个人是断然承受不了这个过程的。”

我混沌的认识像被豁然拉开了一道口子，顿时明亮了。我过度沉浸在题材的灰暗本身，而导致了写作的疲惫。我忘记了在这种题材的内里，是一定能够寻求到驱使我坚持下去的某种魔力的！

触摸与战栗

我得以面对面访谈的官员，有几个属于严重违纪而受到党纪政纪处分，更多的属于违法犯罪，被移交司法机关并被判刑入狱，还有的正在双规过程中。跟他们交谈，我发现他们虽然都不断明确地表达了自己认错、认罪的思想，表现出懊悔和自责的态度，除了个别人，如《曲终人散》的主人公，自认为看透人心而灰心丧气之外，其他人无不存有强烈的改造世界观、将功赎罪、重新做人的欲望。但他们表现出一种共同具有的特点，就是，混沌。

许多人并未真正意识到他们内心的问题症结，他们根本看不清自我，问不到内心的真实。《危情记》的主人公副市长，一人同时拥有三个“家庭”，并跟多名女性发生关系，但他自始至终认为自己的这种与女人的关系，是个人魅力引发的风流，至少与为其生养了子女的三个女人的关系是相对干净的，因为他涉案金额的确很少，并没有像许多贪官那样，以大肆贪污受贿的钱来包养她们。他在言谈中，多次向我流露这个意思，认为自己像电视剧《牵手》中的“吴若甫”，在事业奋斗过程中，与心心相印的女子邂逅，产生了缘分和恋情，虽然不道德非伦常，但毕竟存有几分“人间真情”，有恩在，有情在，有义在。是羞耻而不是可耻，是无聊而不是无赖。其间，我多次忍不住打断他的陈述，问他，难道那么一点看起来“可以理解”的私情，能大于整个社会的道德约束和一个党员领导干部应受的纪律约束力？他反驳说，如果他是一个没有官位的成功男人，这个问题就简单得多，只不过党对干部的要求，要比对平头百姓的要求严厉得多，这才使得他的情感问题好像很严重。我问他，我们可以抛开道德话题，说说法律吧，难道我国的婚姻法只是用来约束干部，平头百姓犯下重婚罪就能逃脱惩处？我接着追问：“还有一个问题，就是你始终觉得自己的感情是干净的，没有图谋以不义之财去吸引和供养那些女人，那些女人都是因为你有魅力，爱上你，死心塌地跟你保持关系，甚至与你偷偷成家，生养子女的。那么我问你，如果不利用你的特权，你能够帮助小乔和她的闺密夫妇找到高薪的工作？能够帮助小凡拉到那么多广告业务？这难道不是利用公权力购买私情，变相贪腐？”

他低下头，脸憋得通红，半晌，轻声说了几个字：“是的，我是个糊涂浑蛋！”

如果说，有那么一份“男女之情”值得同情的话，那我不得不提及《曾记否》里的美女书记和她的丈夫。他们用相濡以沫的爱情和婚姻，支撑着人生信念，克服了一个又一个生活的困难、事业的波折，直到小家庭走向了世俗所认为的“富贵”。应该说，他们的故事是非常励志的。在当今物质主义泛滥，年轻人不再相信同舟共济的爱情和婚姻的横流中，他们的成功，充满了正能量，具备了强大的正面导向价值。然而，所有完美的爱情绝唱都应该由大情的付出与大义的回报这两个美好旋律共同构成。美女书记在回报丈夫对自己多年的情义时，不知不觉中失去了理智，动用了权力与利益的间接、隐秘的“潜规则”，打了一个“擦边球”，走上了违纪道路，最后受到撤职处分，为自己的人生留下一条灰色的尾巴。他们的励志神话，于一念之间破灭，为自己也为当今社会留下了遗憾。女书记一辈子清廉，只为爱情犯了一次糊涂，就触电落马，为我们提供了最严厉的警示：在党纪高压线的追踪下，从政的状态，真的不能有半点糊涂。我们必须时刻处于高度警醒的状态中。

中国古代有一句官场教条，叫作“难得糊涂”。封建社会，江山社稷是皇家的，你为官一方，干得好、干得孬，与你并无多大关系，所以，最好不要较真，眯缝着眼睛在官场混世，是一种聪明，一种练达。然而，今非昔比，这份糊涂在封建社会，也许是聪明的、实用的，到了今天，人民天下，官员的清醒与糊涂，影响着一方水土上的物质与精神，也就直接影响着广大人民群众的幸福指数。如果为官者还在“难得糊涂”，那就不是聪明，而是不正了；那就不是“难得”，而是“缺德”了；那就不是太平混世，而是要坐等出事了。《无法直立》的市委副书记，收钱办事，花钱买官，他不可能不知道这是犯罪行为，但他宁可眯着眼睛，眼前装糊涂，也不去对未来的后果睁开眼睛。《四海之内》的交通厅副厅长，作为一名党员领导干部，居功自傲，腐败堕落，整天在天上飞来飞去，在高尔夫球场把杆子挥来挥去，在狐朋狗友之间蹿来蹿去，个人没有好处就稀里糊涂不履行公职，收到钱财进个人腰包就精神大振，又是签字又是协调，马上变得勤政起来。他自作聪明地用这点小伎俩来应付党和人民赋予的使命，应付自己的人生。他是时而清楚、时而糊涂，有钱亢奋、没钱疲软，他的明智度，明显是随着个人利益起伏的。这其实就是小聪明大糊涂，最终必然毁灭。《暗裂》里的大学书记，天真地以为自己品行的裂缝会在无数的光环中永久隐匿。《风雅殇》里的文化厅副厅长，作为一个深具文化行情洞察力的主管领导，竟然只睁一只眼闭一只眼，对下属疯狂造假、坑害艺术收藏者、破坏文化市场规则的长期违法乱纪视而不见。在我的反复盘问下，他才吞吞吐吐地承认，自己对下属的行为，其实是“心中有点数的”，只是觉得，现在的艺术界“都是这样的”，否则“赚不到钱”，包括他自己在内的艺术家们会“永远穷下去”。而《曲终人散》中的国有集团董事长，以不当手段专权，以不当利益拉帮结派，开设了一场人生的“腐败盛筵”，退休后被党纪国法追剿。当他落得同党溃败、曲终人散的凄然下场后，竟然抱怨“亲情”不厚，谴责“友情”太薄，为此夜不能寐，一会儿暴跳如雷，一会儿望月流泪。他官至正厅，精明过人，却连种瓜得瓜、种豆得豆，埋下势利种、长出炎凉田，这些最基本的人生换算规律都没有整明白，反被聪明误，必得糊涂死啊。

然而，综合考察这些失足官员的人生，引发致危致命“混沌”的时刻，无不在他们成为“成功人士”之后。而成就成功人生的前半路，他们大多是激情洋溢、奋进向上的。在攀爬到一定高度，获取了权力之后，他们就迅速滑向了骄躁和颓败的后半路，有朝一日在那里彻底摔倒，鼻青脸肿，头破血流。人们为此心痛，也为此迷惘。许多人为此煮心熬骨地调查研究，追问了无数的为什么，回答了无数的是什么，就是找不到一个清晰的、权威的结论。很多人把权力导致的人生悲剧，归结为传统文化的残毒，归结为现行体制的缺陷，甚至追究到人性中的欲望天性。在这本书的写作过程中，这些问题，我都关注过。我觉得这些思考都有必要，这些探讨都有价值，这些结论或多或少都能沾边。

然而，我们必须保持辩证，着眼全面。有一个问题，我们无法避开：尽管这几年我们消除着巨大的腐败存量，查处了不少增量，违纪违法涉案人数过百万，但相对于 8900 多万党员干部、数千万精英，腐败群体还是占少数。为什么更多的同僚前半程跟他们并无差别，可到了后半程，他们却分道扬镳，行走到不同的世界去了？少数的他们和多数的他们，到底为什么同途殊归？他们本质上有什么不同呢？既然违法乱纪者依然是庞大干部队伍中的极少数，我们怎能以这极少数样本去判断整个群体背后的文化和体制，甚至人性的是非呢？

我陷入了深深的自问。

既然，我无法驾驭这么宏大的命题，来观照中国干部群体的内心和发展，那我还是把目光投回到我深度访谈过的这一小群中高级官员的身上吧。也许我能对这个群体做一个简单的描画，哪怕是感性的！毕竟，我有了那么多跟他们面对面促膝谈心的日夜，我面对过他们急促或冷漠的呼吸，不屑或温和的表情，放荡的大笑或滂沱的眼泪；受他们的情绪感染过，对他们的言论思索过，对他们的行为恼火过，为他们的命运扼腕过，被他们尚存的良知感动过。我风雨兼程，追踪了他们的轨迹；我夜以继日，倾听和记述着他们的许多，甚至更多。也许，从此我更不能忽略他们，我会永远记得他们，而且，努力地让更多的人记得他们，记得他们在来路上的覆辙。对他们，我也只能借用一位伟大作家的句子，做一个感性的印象描写。在我的案头，放着我喜爱的作家村上春树的著名作品《挪威的森林》，里面有一段主人公渡边评价朋友永泽的话，我想，用在他们身上，谈不上精确，但算得上精彩吧。

“他既具有令人赞叹的高大精神，又是个无可救药的世间俗物。他可以春风得意地率领众人大步向前，而那颗心同时又在阴暗的泥淖里孤独地挣扎。一开始就有人察觉出他这种内在的矛盾，而更多的人却对此视而不见，这实在令人费解。他也就背负着他的十字架，艰难地匍匐在人生的征途中，直到趴下。”

这，是不是一种真实?

《追问》之后的追问

那么，《追问》“追问”到真实了吗？到底追问到了怎样的“真实”，有没有追问到怎样的“真实”？这是无数读者反馈给我的新的“追问”。

没有想到，《追问》在全国引起如此强烈的反响。更没有想到，试图解决问题的《追问》，却引发了更多的问题。

这，似乎是一个作家、一个基层的纪检工作者无法解决的。但它们来了，喷薄而出，汹涌而来。我，我们，都无法回避。唯有面对，唯有深思，唯有力行。

Si Zhi Pian

思之篇

诊断：欲沟混沌

伪精英有个共同的特点，就是对一切看不见摸不着的事物不感兴趣。你跟他谈自然，他关心的是哪里有好吃的好玩的；你跟他谈美术，他关心的是字画值多少钱；你跟他谈友谊，他关心的是交朋友有什么用。所以他的价值观一定是物质主义、实用主义、庸俗主义的。要击垮这种人很容易，无须动之以情，无须晓之以理，只需要银子浇铸一块敲门砖，一敲就开。

人在混沌

医生要给病人治病，必须问诊病情，由病情判断病理，再由病理诊断出生病的源头，找到病灶，挖出病根。一个人的人生出问题了，言行不端，道德败坏，违法乱纪，这个人已经是一个“人生病患者”，病情严重，需要治病救人；病情恶化无可挽救的，需要及时惩处，以防传染扩散，危及社会。而且，人生的病是一种超级传染病，具有示范性、扩散性。所以我们需要对“人生病”进行准确的望闻问切，对症下药。

作家和纪检工作者，就是人生医院的“医生”。

在我这些年“行医”的日子里，通过对无数“病例”的研读，我找到了一条问诊人生的捷径，就是“问心”。

中国古代思想家孟子的智慧，给了我启发。孟子与公都子有这样一段对话：

公都子曰：“钧是人也，或为大人，或为小人，何也？”

孟子曰："从其大体为大人，从其小体为小人。"

曰："钧是人也，或从其大体，或从其小体，何也？"

曰："耳目之官不思，而蔽于物。物交物，则引之而已矣。心之官则思，思则得之，不思则不得也。此天之所与我者。先拉乎其大者，则其小者弗能夺也。此为大人而已矣。"

公都子请教孟子："同样是人，有的成为君子，有的成为小人，这是为什么呢？"孟子这样解释："注重身体重要部分的成为君子，注重身体次要部分的成为小人。"公都子又问："同样是人，有的人注重身体重要部分，有的人注重身体次要部分，这又是为什么呢？"孟子说："耳朵眼睛这类器官不会思考，所以被外物所蒙蔽，一与外物相接触，便容易被引入迷途。心这个器官则有思考的能力，一思考就会有所得，不思考就得不到。这是上天特意赋予我们人类的。所以，首先把心这个身体的重要部分树立起来，其他次要部分就不会被引入迷途。这样便可以成为君子了。"

孟子是不是为我们提供了一种问诊人生的捷径？身体里不思想的器官，容易引人入歧途，但这些器官并不决定人的走向，决定成为小人还是君子的，是会思考的人心，人心才是人生的决定者。

我们再来看看日本著名作家村上春树的"初心绑架"论述。他有一段话，用以观察和总结当代世界范围内的那些生命"迷茫"和精神"颓败"的事业成功者群体。村上春树的话大意是说：一个人在事业的道路上走得蛮远了，他已经得到了别人世俗认可的成功，这时却找不到自己，甚至误入人生的歧途，你要赶紧停下来问问自己，是否还走在来时的心路上，是否自己的纯真初衷已经被某种外来的、后生的欲望所绑架？

原来，你的心是会被欲望这种东西绑架的，一个人的人生道路发生偏向，发生滑坡，是因为心出了问题。村上春树说的这个“心”，当然是指一个人在事业道路上起步、奋进的那个阶段的心，其实就是指纯洁、向上的那种初心。初心生病了，初心被欲望感染，继而人生被病心绑架，你就这样违背本愿往前走，你能不迷失吗？我在写作《追问》时，研究了很多落马的省管干部甚至中管干部，他们大都有一个相似的人生轨迹和人心轨迹：人生从坚实、勤勉、向上到停滞、不安、盲动直至滑坡、毁灭这样一个过程，就是其人心从充满激情到不安、亢奋、骄躁，酿成混沌，终致堕落、邪恶的过程。在后期，表象的自由与强势，掩盖内心的虚弱与混沌，最终这片潜在的混沌区会成为人生败落的病发区。混沌区是其人心变化点，是其人生浮沉的交界处。一般来说，村上春树先生所说的“欲望”就是在这个界点上引爆的，它炸出了人心的负能量，加推人生的败落。所以，诊断人生，先诊断人心；诊断人心，必须排查欲望。

我们说，生命体就是欲望体，欲望本无罪。过量的欲望才是祸害，通过非法手段实现欲望，才是罪恶的。

让我们看一看，当今人类的欲望是怎样的，都发展到了什么程度。

几年前，路透社发布了一份关于西方年轻人的欲望数据报告。报告说，几百年的资本主义发展，使得人越来越成为资本的奴才，当代青年的金钱欲望膨胀，到了历史最高点。调查显示，欧美国家年轻人不崇拜上帝而崇拜金钱的比例，达到了 34% 以上。也就是说，1/3 的年轻人只信仰金钱。对此调查结果，西方社会一片哀叹，人心不古，悲莫大焉！

受此启发，中国环球网和央视网协同国内外的一些调查公司，也做了一个调查，并提供一份“中国人的欲望清单”。清单显示，如今的中国人尤其是年青一代，物质欲望非常强烈，具体说来有：发大财（环球网：超过69%的中国人认为金钱代表成功并承认自己的确拜金）；买大房子（美国富兰克林邓普顿投资调查公司：34%的中国人欲囤房、炒房暴富）；开豪车（韩国现代汽车集团调查500名中国车主：近60%的人认为买车买贵的维持面子、表达身份比买对、比实用更重要）；当老板（央视网：52%的国人把当上老板作为人生目标，上海等地区这个比例在大学生中竟然占80%以上）；中彩票（中国彩民3亿左右，预计2018年彩票销售额超5000亿元，无数中国人都想赌一把，实现一夜暴富的美梦）；当官（当官是国人永远不厌弃的职业，年轻人认为当官不是一个让人愉快的职业，但“升官发财”还是很有诱惑力，值得去“忍受”）；艳遇（饱暖思淫欲，国人在物质方面获得满足，内心的良性寄托并未找到，情欲刺激成为一种寄托）；移民（故人故土故乡、祖国祖先意识淡薄，认为人在江湖，在哪里都是逗留，遇好则留，遇糟则走，所以，有本事就往发达国家移民）；环游世界（世界很大，我想去走走，discovery的你发现了什么？其实就是贪玩，国内80后、90后中产生百万计的专业驴友，有些人不想工作，啃老玩遍天下）；等等。

以上清单，调查的对象以年轻人为主，但我觉得，基本概括了一个群体的国民欲望表现，是比较客观的。它就是潜伏在我们这个社会和无数人心混沌区的一种颇有规模的力量。它绑架的不仅仅是年轻人，也绑架着许多中老年人，绑架着一部分党员干部，绑架着不少社会精英。

不过，清单列举的是欲望的表现形式。这不是我关注的重点。在《追问》出版并引起强烈反响之后，许多单位请我去帮助他们的干部员工解读这部书，解读书中的涉腐中高级干部内心世界，处在怎样的混沌区，什么样的欲望导致什么样的人心，发生怎样的病变。说实话，写作《追问》时，我自己都没有能够想透彻。书出版后，在与很多读者、专家交流的过程中，我把这些渐渐地看清楚了。

欲望如何异化成腐败根源，细分有很多方面，不妨随着我一一探寻。

腐身物躯

比如，当肉欲绑架了身体。

古今中外，都不缺乏这样一种人，全部的奋斗或投机，竟然奔向一个目标，就是吃喝玩乐，沉湎于声色，满足自己那点最低级的生理欲望。中国当代也不例外。过去我们常说中国干部腐败的三只“大老虎”：公款吃喝，公车私用，公款旅游，每年消耗掉的劳动人民万亿元血汗钱，是老百姓深恶痛绝的“普及型腐败”。

20世纪70年代，我的老家江苏南通曾经发生过一起轰动全国的案子。马塘信用社美女会计汤兰英，生得一张标致的娃娃脸，身材匀称，口齿伶俐，为人和善。在信用社工作有身份，收入稳定，汤兰英的家庭条件也是非常富足的。可她并不满足这些，她喜欢穿新衣服，每年每季都要有新衣服上身；她喜欢饭局，经常在家大鱼大肉，大宴宾客，把酒临欢；她还喜欢男人，索性包养了几个俊俏的小伙子，常年苟且。那点工资哪里够这样的花销呢！信用社就是存钱的地方啊，汤兰英利用工作便利，短短几年的时间就贪污4万多元公款，全部用于吃喝玩乐。

在乡镇干部普遍月工资20来块钱的20世纪70年代，4万多这个数字相当于一个干部工作160年的工资总额，其贪污程度可想而知。汤兰英被判死刑，全县开公判大会宣判后立即执行。

这个案子给我们的童年记忆留下了永久的印痕。至今记得32岁的汤兰英被押赴刑场的时候，依然穿着一身新衣服，那张娇艳的脸在阳光下变得惨白，没有一点血色。我想，如果汤兰英不在年轻的时候放纵自已的肉欲，她现在也不过七八十岁，正幸福地活着，应该是一个漂亮的小老太，退休在家，儿孙绕膝。

党中央把这种贪图身体享受的基层腐败分子称为“苍蝇”，看上去小，但是泛滥之后，直接在人民群众眼皮底下，损害人民群众的切身利益，制造了干群关系的紧张，危害面积不可谓不大，危害程度不可谓不深。在我们江苏基层，吃吃喝喝的基层干部被老百姓取了一个专业绰号，叫“棉铃虫”。这是一种隐藏在棉花花蕾里的小虫，不及时处理，就在里面啃食棉花蕾，棉花被它啃得差不多了，它也就长得肥肥的了，典型的“损公肥私”的一种害虫。棉铃虫还有一个特性，是产卵多，扩散快，所以，一旦放任，它们可不是一瓣一瓣地啃，而是一片一片地毁。棉花绽开的时候，整片田也就毁之殆尽了。老百姓有多痛恨棉铃虫，也就有多痛恨基层干部的腐败。吃吃喝喝，小贪小摸，发展下去照样毁党的大事业。

有人说，基层干部层次低，更容易犯这种生理性满足的低级错误。其实不尽然，只是基层腐败分子的此类行为更容易暴露而已。社会精英里，此类为肉欲而活的人也不在少数。企业家、教授、中高级领导干部，热衷于酒色的并不鲜见。要不然，那么多高档酒店，那么多私人会所，哪里来的市场？那么多高级交际花和掮客，如过江之鲫，哪里来的活水？

有一位高级领导干部，位高权不重，在单位不管资金、不管人事、不管项目、不管奖牌。按理说，有较高的社会身份，又摆脱了功利的纠缠，不为世俗权力所累，这样的领导干部应该活得轻松、安静、超脱，应该是一位雅士，更能够获得别人的羡慕和尊敬。可他偏偏没能雅起来，反倒热衷于觥筹交错，歌舞升平。有一次，他出访归来，飞机落地打开手机，发短信："宝贝儿，我回来了！"乍一看，挺温暖啊，这是给家人报平安啊。可是，这条短信群发了十几个号码！这十几个"宝贝儿"都是什么人呢？后来查明都是他的"情人"。一个有头有脸的高级领导干部，如此沉湎于声色，整天为他那点生理欲望活着，情何以堪？此人没有太大的经济问题，但因严重违反党的生活纪律，还是受到了严厉的处分。

所以，我们不能认同民间的一些说法，"高级的人"就不犯"低级的错误"，小人物犯小错误就不会有大危害。肉欲过当是一种罪恶。西方宗教认为生理冲动是心魔，人需要战胜这种心魔，这是为自己赎罪的一种义务。完全克制身体欲望的清教徒，受到尊敬、崇拜。东方佛教源头的印度佛教，把克制个人身体欲望到极致的人，定义为苦行僧，会修炼成佛的。佛教在东方普及后，融汇了基本的人性，是兼容人道的，戒律是对教徒信众做了一些并不为过的规定。佛教的戒律里面对基本生理需求的约束比较多，除了最基础的五戒中有约束身体欲望的戒饮酒、淫邪外，还有更多戒律是针对身体的，比如，戒涂饰香、戒视听歌舞、戒坐高广大床、戒非时食等等。宗教跟文化是贯通的，中国传统文化一样倡导清心寡欲，但不像宗教那样极端，而是比较折中地要求人们，心要“素”，身要“俭”。中国文化还是比较宽容的，富有弹性的，并不苛求人一定要修炼到极致，只是让人管理好自己的肉体，使之张、抑皆有度而已。

宗教和文化是普度众生、教化万民的，可以说，以此超越肉欲是文明人的标志。对社会精英，要求恐怕还要更高一个层次。早在几千年前，孔子有句话，堪称真理。他说：“士志于道，而耻恶衣恶食者，未足与议也。”放到现在，意思就是有一种人，身为干部，以人民公仆自居，立志成为社会精英，满口安贫乐道，但又在吃饭穿衣方面极度讲究，不肯安贫乐道，这种人，是不值得我们跟他志同道合的，他们配不上他们的身份和荣誉。

所以，我们要警惕和远离“低级欲望”。

比如，当物欲积养成奢靡。

拥抱功利，远离自然，进而追逐奢侈。这类人有个共同的特点，就是对一切看不见摸不着的事物不感兴趣。你跟他谈自然，他关心的是哪里有好吃的好玩的；你跟他谈美术，他关心的是字画一尺值多少钱；你跟他谈友谊，他关心的是交朋友有什么用，对方能不能给自己升官发财带来机会，至少能不能给自己办点事，带来一些便利。所以他的价值观一定是物质主义、实用主义、庸俗主义的。要击垮这种人很容易，无须动之以情，无须晓之以理，只需要银子浇铸一块敲门砖，一敲就开。

辽宁省某市的政府原副秘书长黎某，190 平方米的一套私宅里，仅用了三年不到的副秘书长任职期，就堆满了高档珠宝和奢侈品。她落马时，办案人员从这里搜查出48块劳力士，253个LV包包，1246套名牌服装，600多件金银首饰。她做了不到三年副秘书长，囤积了这么多奢侈品，恐怕一辈子都用不完。但是，她脑子没有进水，她不是不知道家里堆的东西太多了，但她还是收、收、收。这个副秘书长后来交代自己的心迹，说像着魔了一样，一个星期不拎一两件东西回家，进门都是有气无力的，觉得自己当官的价值得不到体现，所以拼命敛物。她还认为以自己的身份，值得穿用奢侈品，因为一个字："贵"。所以，她看到贵的东西，就亢奋。她不断需要昂贵的商品来刺激自己的精神，当官做人的全部价值都落在囤积奢侈品上了。

积物成癖，视贵为靡，物欲横流，泛滥成灾。中国还没有富得流油，却有那么多人率先进入世界级高消费者行列。这是一种灵魂的扭曲，也是社会价值的一种脆弱，是人心里非正常欲望的失控所致。

非常情

比如，当情欲突破了界限。

情为人本，情为伦常，情为理应。我们为情所生，为情所死，为情含辛茹苦、来来往往走一生。连动物都为情谱写出无数的生命赞歌。

我在《动物世界》里看到一个感人的故事。在非洲大草原，每年转季，角马群都要转场大迁徙，其中过河是一道险关。河水湍急，水下凶猛的鳄鱼成群，水边暴戾的河马结队。稍有不慎，不是被滚滚洪流吞没，就是被同伴踩死，而更多是被鳄鱼撕碎，被河马攻击。所以，角马过河，是一场生死突围，活下来靠力量、经验、勇气和概率，起决定作用的恰恰是那概率，随着大部队冲过去是侥幸，冲不过去是牺牲——每次过河必然要为守候了一年的鳄鱼提供一顿大餐，每只角马只能在侥幸和牺牲之间选一，非此即彼。有一只母角马很幸运，虽然刚刚生育过，体质虚弱，但随着大部队，安全冲到了对岸。可是，当她准备汇入滚滚向前的角马大部队时，她突然发现她的孩子丢了。她转身驻足，发现她的孩子正被河水冲向下游，在激流中挣扎呢！

一群鳄鱼跟着水流追逐着小角马。母角马犹豫了——仅仅是几秒钟的犹豫——作为一只饱经风浪的老角马，她知道这种情况小角马基本无救，谁去帮助他谁就成为一个陪葬品。可母角马没有算这个账，拔腿快速向下游奔跑，并超前一头跃入水中，冲过鳄鱼群，奔向自己的孩子。

感情的强大就是这样，大得理智根本拦不住，大得几乎让人误解成本能。动物尚且如此，何况是人？人的感情，细的如雨，润物无声；柔的如水，流淌纵横；激的如洪，滔滔不绝；烈的如火，熊熊高温；猛的如雷，振聋发聩；壮的如海，恣肆澎湃；密的如沙，久聚成塔；硬的如钻，坚不可碎；软的如麻，乱不可织；醉的如酿，沉湎不醒；恨的如鬼，痛不欲生。万水千山总是情，谁若无情谁非人。人的感情，多种多样，千姿百态，无孔不入，无奇不有。有的人因情而升华了生命，有的人被情猎杀了人生。

感情的种类非常丰富，亲情、友情、乡情、爱情、同学情、战友情、同事情等等，情情不老，无关古今，皆可成欲。要是把感情这件事联系到当代，联系到现实，联系到我们这个社会的人士，联系到他们的千般感情千般人生，真是一千句话说不明，一万个案例举不尽。

前文讲到角马冒着生命危险寻找和帮助小角马，是一个伟大的亲情故事。亲情故事在人类社会无处不在。但人类社会的亲情没有动物那么单纯，固然有伟大，但也有卑琐，有错误，甚至有罪恶。

我在写作反腐纪实文学《追问》的时候，收集到不少为亲情而毁掉人生的案例。书中的《无法直立》，写到市委副书记李立青，大半生勤勤恳恳，廉洁自律，可女儿各方面平平，长大后找不到理想的工作，嫁得也很一般。有商人就乘机来“提携”两个孩子，把他们当人才“挖过去”，用心“培养”，使孩子迅速“成才”，然后在其企业里高薪任职。此举通过亲情一下子撬开了李立青的“防护门”，把商人引为知己，有求必应，抛弃了一切原则，为商人提供牟取暴利的机会。最后几年，李立青几乎被商人“绑架”着生活，成了商人操纵的木偶，孩子不过是人家的“人质”而已。

还有一位美女县委书记，在丈夫的支持下，从年轻时候白手起家，辛勤奋斗，到中年取得了事业的成功，位居一方首长。但她的丈夫，年轻时是一位踌躇满志的艺术才子，为了家庭，为了妻子能专心致志在仕途上进取，自愿放弃了自己的事业，站到家庭幕后，做了几十年家庭妇男，把青春牺牲在柴米油盐里。丈夫完成了他的家庭妇男使命之日，也是妻子的事业登上巅峰之时。这个时候，本地有一家做园林环境规划设计的民营企业家找过来，要请赋闲在家的男人出山，发挥艺术才华，担任该企业的设计总监。丈夫十分开心，年过半百，总算有机会出去工作了。可美女书记一听，直觉不是好事，这民营企业有可能是看中自己这个书记身份，才聘用丈夫的啊。于是，她不同意丈夫出山。这一夜，她失眠了，丈夫伺候自己，伺候全家人几十年，大半生没有能够过上一个正常的社会男人的日子，难道自己当领导，家属就不能工作了吗？于心何忍，情何以堪？亲情把美女书记拖入了愧疚、烦恼的深渊。第二天一大早，她摇醒丈夫，同意他出去工作，丈夫从床上一跃而起，开心地说：“我去给你做早饭。”然后，像个大孩子一样一蹦一跳去了厨房。看着丈夫的背影，美女书记感慨万千流下眼泪。

然而，两年后，这位美女书记就涉嫌违纪被撤职了。聘用丈夫工作的那家企业，在两年中频频在地方政府工程项目中中标，异乎寻常地取得跨越式发展，也遭到竞争对手们的联合举报。上级纪委认为，无法排除县委书记丈夫就职这家公司所起的公权力作用，美女书记涉嫌纵容亲属在自己公权力范围内从事经营活动营利。

美女书记对我讲述她和相濡以沫的丈夫的故事，痛哭流涕。本来他们的人生十分美好，特别励志。如果不是这么糟糕的结局，他们的故事完全可以写成青春励志教材，教育和感召现在的年轻人。真是成也亲情，败也亲情。我采访回来后，为之痛惜，简直不忍提笔。

然而，当我冷静下来，再观察这个案例，我的认识渐渐清晰，渐渐理性。亲情再美好，它也是一种个人情感的欲望。公私有别，如果用公权力满足这种私情，亲情就发生质的变化。你的亲情满足了，别人的亲情却有了遗憾，有了痛苦，集体的利益也受到损失，公共损失会进而辐射、伤害到更多的个体感情。

亲情的欲望美如罂粟，它容易麻醉我们的眼睛，使我们看不清是非，划不清界限，不知不觉地跌入混沌。

再有一种普遍的情感叫友情。人的社会属性决定了人对友情的渴望比任何一种动物都要强烈千百倍。有人说，人的一生，如果能达到“四好”，就算完美了。一个好身体，一份好职业，一个好家庭，几个好朋友。可见友情的比重之大。“孤家寡人”这个词不光是用来称呼高处不胜寒的皇帝的，也用来形容缺少朋友的普通人。

我曾访问过某省落马的一名交通厅厅长，他的事业是朋友助成的，他的悲剧也是朋友酿成的。这名交通厅厅长年轻时，事业起跑受到包括自己的直接领导在内等多个同事的帮助，与很多同事在工作中结下深厚友谊。他尝到了交朋友的好处，所以特别喜欢交朋友，等他自己走上领导岗位之后，他特意在自己的办公室墙壁上挂了一幅书法“四海之内皆兄弟也”，提醒自己朋友珍贵，常用友情激励自己的人生。由于投领导所好的人纷纷投靠，他不加选择和防范，朋友越来越多，也越来越杂。他大权在握，狐朋狗友们以友情的名义求他办事，他能办则办，也不管什么原则不原则了，所谓的朋友情义就是他的原则。朋友们乐享他给予的关照，整天围着他转，到处夸赞他“有情有义”，是值得终生交往的好哥们儿。一个好汉三个帮，朋友多曾帮他成就了事业，带给他许多快乐，朋友多也败了他不少事，最终把他带进了痛苦之境。

在监狱采访他的时候，我问他：你人生最大的教训是什么？他说：朋友不能没有，多一份情多一条路；友情不能太滥，多一次来往多一个祸。我这个人，年轻时建立了一种偏颇的朋友观，认为只要是朋友就是有益的，友情是这个世界上最美好、最有用的东西，要珍惜好，呵护好，利用好。我没有想过，我那时事业未成，一无所有，来跟我交朋友的，那叫真朋友，帮助我那是真情分，纯属付出，不求回报。我很糊涂，后来就认为朋友都应该是这样的，所以当上厅长后，对打着朋友旗号的，来者不拒，所以，这友情里泥沙俱下，夹带了不少自私、享乐、牟利的目的。友情不是真友情、不是纯友情了，友情成了别人利用我的借口，也成了我理直气壮享受别人不正当伺候的理由。

清代名臣曾国藩待人热诚，广结天下名士，为事业的发达打下了坚实的人脉基础，其朋友数不胜数。在曾国藩家书中，每每叮嘱家人要重交情，多结交。但每每都要再叮嘱一句：一生之成败，皆关乎朋友之贤否，不可不慎也。曾国藩告诉家人，原来交友善与不善，关乎一生成败的大计，必须慎之又慎。这是多么醒脑的提示啊。

友情是美好的，但美好的东西，没有一样是可以信手拈来的。鲁迅先生说，人生得一知己足矣。说的是交朋友难的规律，也从另外一个侧面说明交朋友需要谨慎，需要精选，朋友太多了，未必正常。一个普通人要交到一个朋友，很不容易。一旦成为成功人士，马上四海之内皆兄弟。同样一个人，同样一个灵魂，身份变了一下，原本是滴水的友情，现在变成涌泉，这样的急转，怎么能不去警惕呢！

还有一种美好又危险的情感叫乡情。中华民族是一个寻根民族，特别在乎自己的出生地成长地，对故乡故人充满了眷恋。乡情能激励游子在外努力奋斗，乡情也能召唤游子回归和反哺。乡情化小，是亲情，是恩情；乡情升格，是民族情，是爱国情。我们遇到老乡就感到亲切，想到故乡就流泪，乡情是中国人的根和魂。

乡情是一种经常被我们歌咏的情。我们中国人几乎都有一个“偏僻的老家”，一个小山村，一个小水乡，一个小城镇，一条小街巷；蜿蜒的路，曲折的河，小溪，竹影，麦田，稻浪，篱笆墙上的花香，光滑的石板路面。世界很大，眷恋的很小。心很野，记忆却随着时光之老，滞留在成长的地方。我们的乡情，就这样浓浓地锁定在民族的血液里，锁定在古老东方巨龙的基因里。我们一直为这种基因感到骄傲，也是这种基因，壮大了我们的华夏之根，牵扯着我们的炎黄之脉。

可是，就这么美好的感情，一样可以异化，成为欲望的仆人。

某地的一名交通厅厅长，出生在一个落后的平原小村。他特别重乡情。每年不管多忙，他都要利用春节或者清明，回乡祭祖和看望乡亲。小时候，他家里特别穷，有时候，家里断炊，他不得不饿着肚子，耷拉着脑袋上学。同村有个小哥哥家里比较宽裕，得知这个情况，就每天在书包里揣两个冷馒头，到学校分给他吃。他几乎是靠小哥哥的冷馒头，才没有饿死，坚持把书读下来，后来终于考上大学，并在工作后取得成功，当上了厅级干部。那位小哥哥虽然不及他有出息，但也在县里官至科局级。有一年春节，县长拉着这位小哥哥，请回乡过年的交通厅厅长吃了一顿饭，饭桌上，借小哥哥的口，说出了县里在交通基础建设上的困难，希望厅长能关照关照，尽早为家乡的“村村通”立个项，多拨点经费。

三杯酒下肚，县长说：“您看啊厅长，现在您回来，一下雨这汽车都开不进来，土路上全是烂泥巴。”县长还指着厅长的小伙伴说：“听说你们从小跟亲兄弟似的，哥儿俩想见个面，这交通状况，多不容易啊。”

就在此时，服务员端上来一盆馒头，就是小时候的那种味道，厅长睹物思情，感动得与“小哥哥”抱头痛哭。过完年回到省里上班，明知违反原则，在乡情的驱动下，他还是硬着头皮动用权力，为老家县里立项拨款。县长为了回报他的关照，直接先把公路修到他老家的那个乡、那个村，直至他的老宅旁边。他的小伙伴也因为此举有功，当上了县里某局的局长。可两年后，这项工程爆出了腐败问题，县长收受承建商贿赂 200 多万元，被逮捕判刑。这名交通厅厅长虽然没有在这个项目里拿任何好处，但“路修到老家老宅口”就是变相的“好处”啊。交通厅厅长被撤职。出界的“乡情”毁掉了他的大好前途，他的人生从烂泥巴的小路走出去，最终又循环了回来，掉进了乡里的泥淖。

一个人成长的过程中，会结下丰富多彩的情谊。除了上面提及的几种感情外，按人生的相逢相遇，还有同学情、师生情、战友情、同事情等。它们写就的人生佳话，数不胜数。它们是我们人类社会的暖空气，是本来陌生的人与人之间的黏合剂，有这些情感，人类才会有广泛的爱，社会才不会是一盘散沙，家庭、朋友、组织、集体、民族、国家、世界这些单元，也才可以形成，可以存在，可以发展，可以永恒。但是，我们往往并非为了有用才产生这些感情，而这些感情一旦产生了，往往又是有用的，也有可能被利用。所以，我们可以下结论，情欲是人生的双刃剑，弄不好，就是血淋淋的悲剧。

我们不能忘掉有一种情叫爱情，它被称为“情上之情”。有一个考验人情的烂熟问题，问男人，如果自己的孩子、妻子和老娘同时掉到河里，面临着被淹死的危险，你只有机会救上来一个，先救谁？按照中国传统伦理，孝道为先，所以老一代的中国男人都会毫不犹豫地说，当然是先救老人。父母生养了自己，恩重如山，舍身相救，义不容辞，刻不容缓。到了当代，有一些人从新思维新视角来回答这个问题。第二种答案出现了：先救孩子。为什么呀？孩子刚刚来到这个世界不久啊，他所有的人生还没有来得及展开，怎么能让一个生命夭折在鲜嫩的苗苗阶段？老人，不管你是谁，你的生命毕竟已经趋于完成，你长大成人，享受到了成长、家庭和事业带来的幸福，见识了这个世界的面目，人生已经基本完整，享有了生命权利的大部分了，无论是从自然还是从人伦看，都可以让老人“先走一步”。哪怕低级到算账，也可以证明先救孩子的合理性，孩子死了，失去的是面对几十年生命；老人死了，失去的是十几年甚至几年的生命。于是，争论就开始了。面对两种答案两代人互相指责，老一辈指责新一辈的无情，新一辈指责老一辈的无理，骂声一片，难辨是非，无法折中。这个时候，一个高鼻梁的洋人跳出来了，说：别吵，你们都错了！应该先救妻子。

两代中国人瞪大眼睛看着他，异口同声，愤怒地问：为什么？

老外说：这个世界上最伟大的感情是爱情，而不是亲情或其他感情。因为爱情，来自两个完全没有血缘关系的人，却能凝结成比血缘还牢固的纽带。为了爱情，一个陌生的女人流着泪，离开生养她的父母，加入一个陌生的家庭，与你们一同奋斗，相濡以沫，相夫教子，献出全部的青春和生命，全部的爱和责任。所以，爱情也是最大的恩情。在生命的危险关头，不要说丈夫了，你们全家都应该毫不犹豫地选择救她，救这个家庭里唯一的“外人”。不是为了自私的血缘，不是为了可笑的算账，更不是为了所谓的孝道，仅仅是为了情，为了爱，为了恩，这才叫博大无私啊。

很多中国人听呆了。

我们没有必要纠结在这个虚设的蠢问题中不能自拔。我讲这个故事也不是为了考问你的道德、智慧或者情义，而是为了引出爱情这样一种人人渴求的情感的话题。爱情能不能伟大到超过道德、超脱理性、覆盖伦常，姑且不论，反正我们不能否认爱情的伟大和奇妙，不能否认爱情对生命的重要意义。

中国古人对爱情的向往和执守，不输于世界上任何民族。为了爱情，七仙女可以从天而降，来到人间，下嫁一无所有的村夫董永；为了爱情，白蛇修炼千年成仙，冒着被打回妖物的危险，大战法海；为了爱情，才郎俊女梁祝化作蝴蝶一起升天。在中国文化铸造的爱情面前，财富是那样卑劣，地位是那样虚无，生命是那样英勇，什么父母之命，什么天地有别，什么人妖不近，什么好死赖活，一切封建的伪道假学臭规矩，统统不堪一击，粉碎一地。

但是，爱情并非就是简单的两情相悦、相许。爱情有洁癖。不纯粹，不超越物质，夹带着目的，功利，不平等，看起来再相悦，再怎么山盟海誓，这份爱情也不能叫作真爱情。黑格尔甚至说：“爱情确实是一种高尚的品质，而且显示出一种本身丰富多彩的高尚优秀的心灵，要求以生动活泼、勇敢和牺牲的精神和另一个人达到统一。”这里面有几个关键词，勇敢，高尚，牺牲。这是对爱情本质的定义。到了现代社会，许多声称为爱情勇往直前的人，最终却稀里糊涂地走进了情欲的深渊。如果把这些本质断章取义，割裂开来对照，现在社会上一些人宣称的“爱情”里面，似乎也有“勇敢”——非理性的莽撞，高尚——十分个人化的“自恋”与“自负”，牺牲——基于满足个人欲望的冲动与惨重代价。

有一个省部级干部，疯狂追求一个女明星，名表名车大别墅，烛光晚会赞美诗，不惜一切。他一度得到了明星的投怀送抱，也因此付出了落马的代价。他始终认为自己不过是为了一份“爱情”而栽倒的，他和她是真爱，没有什么好羞耻的。女明星出场费上百万元，并不在乎那些名表名车和晚会，而且，她的美丽和身价，配得上这点奢华。所以，他们是“平等”的，非物质目的的。

还有一个副市长，与一个年轻的女孩子产生了婚外情，为了她，在外面又搞了一个家。他犯了重婚罪，但他并没有多少自责，因为那个女孩子跟他在交往中日久生情，他也从未用物质手段骗取她的感情，他们两个的感情是干净的，发乎“自然而然”，不是用心计博取，而是“无意”获得。这不是“爱情”又是什么？

这两个案例，是当代社会最好的爱情与情欲罪恶教案。它们具有很大的蒙蔽性。我在《追问》一书中详细地描绘了这两个故事的情节，并未过多地分析，以留一份“追问”给读者。澎湃新闻网关注到这一点，网站对这两个故事的报道文章下面，一天出现了5万多条评论跟帖，讨论他们的“爱情”究竟是什么。如果这不是爱情，那问题出在哪里呢？当事人标榜的“无功利目的”“平等”“自然产生”等等，成立不成立？现在社会上这样的事例也绝非仅有这两个，应该有成千上万，发生在社会精英甚至普通百姓身上，这在20世纪80年代前的中国，是不可思议的，也是非常罕见的。为什么我们后来几乎习以为常了，甚至全社会流行一套理论，认为明星是高官大鳄的标配，小三儿是风流倜傥的条件，一个人是可以同时爱几个人的，一夫一妻的婚姻是不人道的，无条件的爱情只存在于文学故事中，是世俗真空的乌托邦，等等。

是啊，当我们启动“追问”模式，发现了一个悲哀的现实，“爱情”走到今天，真的已经面目全非，失去信用。有一位电视主持人理直气壮地向观众宣布：没有永远的爱情，只有永远的利益；如果你有永远的利益，也许你就有永远的爱情。

是这样吗？

是这样吗？

当真是这样？

我仍然愿意坚决地摇头否认。我相信，我们这个世界，更多的真爱沉寂在千万寻常的地方和时光里。越是真实的，就越是淡定的。浮躁社会浮起来的，难道不是情欲放荡的沉渣，不是那些即将被滚滚潮流卷走的污秽？那些误把情欲当爱情，抑或明知是情欲却自欺欺人扮演爱情的，最终都以身败名裂告终，这样的结局，不是最好的阐释、最掷地有声的回答吗！

有人说，有情不报非君子。人会生情，有情当报。亲情、友情、爱情、乡情、同学情、战友情等，本身都是良性的。但任何感情一旦超过了正常的尺度，就发展、变异为一种过度情欲，而情欲会成为心灵的洪水，总有一天会泛滥成灾。把感情从自我的欲望里延伸，就成为私情，私情总是在满足自我的需求，最容易庸俗化、实用化、畸形化，也最容易使人动用公权力，动用不法手段，来满足，来实现。这就堕入了公权私用的罪恶。手段不当，这哪里是君子所为呢？不过是小人的伎俩罢了。

无聊之灾

比如，当寡欲演变为异癖。

我曾读到一句古语，翻译一下，意思是说当一所房子长久没人居住，荒芜之后，杂草丛生，败象毕露，各种鬼怪妖魂就会乘机入住，屋子里充满阴戾之气。一个人的内心世界就如一所房子，缺少正能量，没有雅好寄托，就会变得空虚，各种负能量的癖好甚至恶念，乘虚而入，占据了心灵。

中国古代正常年代的官员，大到天子，小到县令，都擅长舞文弄墨。以棋博弈，比文斗彩，琴瑟和鸣，铿锵卓韵。官场崇尚的是“风雅”“高趣”，不会去飙歌，斗酒，博彩，猎艳——那是民间，是江湖，平民的俗好、流民的恶习。有记载，在历代明君时代，都会整治官场风气，对民间的流弊也会打击。所以，即便在官员群体中有庸俗事情，也是悄悄而为，绝对不敢大张旗鼓，更不可能积陋弊成风尚。

现在有些官员和老板，除了升官和发财，对其他正常的、正当的事物都没有兴趣，心灵世界一片荒芜。慢慢地心里就生长出一种怪癖。

这种怪癖，细究下来，往往都是官欲、权欲、情欲的变体。

江苏南部某发达县级市市委的一名常委陈某，家庭幸福，生活安逸，妻子是当地知名的企业家，家里也不缺钱。陈某除了工作，性情寡淡，几乎没有任何雅趣来打发闲暇时光。所以，一到下班和节假日，陈某就手足无措，像丢了魂似的百无聊赖。陈某在社会上的朋友看到陈某的无趣无聊后，就拉他打牌搓麻将。空虚的陈某很快痴迷上赌桌，最后发展到动用上亿的公款和向民营老板索要巨资，偷渡澳门大赌，多达十几趟，涉赌金额超过三个亿。

海南省东方市委书记戚某，工作比较勤奋，生活也很简朴，在他任职几年的时间内，经常到基层一线调研和检查工作，都是轻装简从。有人给他统计，他下基层和加班，大都是吃几块钱的盒饭。可谁也没有想到，他私下里受贿数百万元，这些钱堆在自己家的卧室床下，层层叠叠，整整齐齐，分文未用。戚某不是“表演帝”，人前人后他都是“克勤克俭”的，看起来确实不像那种贪图物质享受的人。可为什么他要囤钱？原来戚某夫妇染上了一种“数钱病”，三天两头要在家里数钱，盘点盘点这些钱到了几位数，年增长多少，预计下一年度会达到多少。几天没有进账，没有机会数钱，就惶惶不可终日，觉得“心里掉了一块”，“不知道这过日子的乐趣到哪里去了”。一只手电筒，一个账本，黑暗中打着手电数钱、做账，成了戚某夫妇全部的“人生价值”。戚某被逮捕后，依然一筹莫展，弄不清自己怎么“病得这么深”，要这些钱干什么，他们完全没有奢侈生活的习惯，更没有这方面的追求和目标。可是，他们就爱数钱，直到把自己的人生数毁了。

一个派出所所长喜欢暴力殴打犯人“消食出汗”；新疆某地区组

织部有个官员爱上打猎，走火打死了自己；一个模范学校校长喜欢买假公章，档案造假，先是因为办事所需，办完事后觉得“好玩”，业余时间就在玩这个，几年的时间刻了许多假公章，造了许多假材料，有的假材料无用，就创造机会使用；一个银行经理爱上网游，充值数额巨大，欲罢不能，于是动起了客户的存款，为自己的网游账户充值；一个资产过亿的民营老板沉湎于观看视频直播，没日没夜跟踪一个 24 小时直播私媒体，不断向该视频主播打赏，发展到后来无心工作，企业被耽搁垮掉，还拖欠了几百万元的员工工资；一个大学学霸，从不参加集体活动，性格内向，木讷寡交，在别人眼里，他一天到晚就是在学习，没有其他爱好——一开始确实如此，可后来爱上了偷别人东西，每天晚自修课潜入别人宿舍偷一样东西，藏到自己宿舍里。大学几年，这个学霸竟然偷了 500 多样东西，这些东西没有一样是他需要的。而且这个学霸的家里非常富有，根本不是为缺吃少穿盗窃，而是把盗窃作为一种业余爱好，并积累成大恶之癖。至于迷上酗酒、吸毒、淫乱等恶习的社会“成功人士”，就更不知其数了。

如果不去研究一个群体的内心，我们就会对这类看上去在某方面很优秀的人犯下如此荒唐的错误，感到惊诧和费解。人的心窝是一个无底之洞，事业心固然能填补大部分空洞，但总会有一些空隙留在那里，等待你去填补。我们需要“培植”一两个雅好，那些积极向上、唯美唯善的事，是上苍送给我们的人生珍宝，为何不去抓取它们，来填补自己的人生空隙呢？

比如，当官欲飙升成官威。

万般皆下品，唯有当官高。封建传统官本位——居高临下，八面威风，出风头，光宗耀祖。古代的官僚把这种官威弄成了制度，级别写在官帽官服上，威风用贵贱礼仪来表现：回避，跪拜，抬大轿子，前呼后拥，逼人仰视。官与民，连称呼都赤裸裸地贵贱分明，官叫大人，民叫小人。

封建社会，最高统治者就是用“官威”这种特供，来笼络和麻痹统治阶层，同时又借助官威之恶，来恐吓平民百姓，把他们的那点志气固守在社会底层，而且让他们心甘情愿。偶尔，统治者再适时挑几个恶官惩治一下，目的不是刹住官威，而是体现天子的爱民之心，树立寡人之德行至高无上的形象。几千年“特供”吃下来，有些官员几乎“无官不威”了，一种“威文化”渗透进了官场血液，随时随地透析出来。这种文化麻痹了努力向上攀爬的人们，许多人就是迷恋这种文化，才矢志不渝而寒窗十年不畏劳苦的。

有个正厅级的大学校长，双学位专家，可谓功成名就，德高望重。这种软实力，本身就是一种令人敬佩的“威风”，可自我感觉良好的校长却因回了一次老家,丢失了这种自信。他回去的消息传到老家县里，县长书记很热情，说他是家乡的骄傲，荣归故里，晚上隆重地接待他，请他对老家的工作给予指导和帮助。校长很开心，觉得倍儿有面子。到了县里，分管教育的副县长和县教育局局长出面接待他，并告诉他，省里来了领导，县长书记在接待省领导，谈重要工作，但晚宴设在同一个酒店，县长书记会过来串门打招呼，敬酒。晚宴快结束了，县长书记还是没有来。副县长端着酒杯出去，说去把县长书记引过来，估计是忙，忘了餐厅号了。可副县长出去，也没有回来。教育局局长就出去找人，发现县领导班子一帮人，前呼后拥着省里的人，哗啦啦出了酒店的大堂，走了。

教育局局长很尴尬，回到包间，忙不迭地给校长道歉，并解释说：“晚上省领导临时提出要开个紧急会议，讨论县里的人事问题，县长书记来不及过来敬酒了，让我做代表给您敬酒致歉。”校长听了，虽然有点不痛快，但也觉得情有可原，谁让人家是省领导呢！于是，顺口问了一句，是哪位省长书记。回答说是省委组织部和市委组织部的地方干部处的处长。

这一回答，几乎让校长内心崩溃了。原来，家乡官员是如此实用主义，组织部管干部，那才是真正的威力、威风，所以县长书记为了两个处级干部，把他这个所谓的正厅级干部撇在一边，毫不顾忌情面。如果自己不是一介书生，不是一个大学校长，而是同级别实权部门的什么部长、厅长之类，今天被撇在一边的，当然是那两个处长。同样的级别，威风却大不一样，受到的尊重也大不一样，大学校长有官无威，不能叫官。

这件事颠覆了这个大学校长的价值观，从政得不到从政的威风，什么著名学者，什么正厅级，都是浮云。考虑到自己还年轻，他决定运作一下，把自己运作出去，到政府部门去当真正的官，当有威风的官，当回到故乡时那些“县老爷”翘首等待，毕恭毕敬，前呼后拥，极尽巴结讨好的官。为了取得运作“资本”，这个校长一改以往的廉洁，几年内就发展成一个赤裸裸的腐败分子。他没有能把自己运作出去，却把自己运作“进去”了。

大学校长虽然饱读诗书，才高八斗，却没有走出从政的恶俗低洼。其实，一顿饭的冷落，有什么呢？稍微有点风度，不去计较这种市侩琐碎；稍微有点境界，反过来还会为别人着想，组织部的处长虽然级别没有你高，但人家是为公务来的，事关县里的人事干部大事，而你这边，不过是纯粹的应酬，场面上的小事，县长书记的选择，从另一个角度看，是一种务实作风啊！校长应该为家乡官员的这种不唯当事人级别，唯事情轻重的做法，点一个赞啊。大学校长这是把自己当成了“官”，所以他心里那点可怜的对威风的期盼及其所支撑的自尊，是如此不堪一击，如此虚弱易碎。一件事，一顿饭，一个眼色，几句话，立马可以颠覆整个人生世界。说到底，文化虽高，身份虽显，但荣辱观、从政观还停留在封建恶俗的陈腐世界里。

封建式官僚对自己的身份有一个基本设定，威风是身份的属性，权势高于一切，等同尊贵，所以以官自居，自加优越感、自负感甚至霸气。官员丧失了自我作为基本的“人”这样一个属性，某种程度上丢失了部分正常的人性，而赋予了不少恶劣的社会性、文化性和江湖气。经常不是以“人”自居，而是以“我是处长”“我是执法人员”“我是干部”自居，“我爸是局长”“我家是官员世家”等自我拔高定位之后，进而以“你是什么东西”藐视众生，贬斥平民。长此以往，形成了一种“官高一等，可以欺人”的畸形价值观。这种畸形价值观一旦在部分中高级领导干部里形成，就会迅速向社会基层扩散。中纪委网站曾披露，被查处的四川凉山某地一个村官，在位时间比较长，村官虽小，但官太爷脾气不小。听说此人当村官前还是比较谦和的，与老乡关系融洽，可当了村官之后很快变得面目全非，为人极其嚣张。他拉帮结派，组成一个势力圈，肆无忌惮霸占村里的公共资源，鱼肉乡里。他本人在这个势力圈充当老大，平时说一不二，后来这个小圈子里的人竟然喊他“万岁爷”，他也照单全收，还经常以“寡人”自称。

官欲生官威，官威涨官欲。多少人为了有威风而谋官，多少官因要威风而栽倒。这就是官欲与官威的因果逻辑，当我们立足起因的时候，为什么不去瞻望一下这样的结果呢？我们很少能改变因果逻辑，但我们能改变起因啊。

当代社会，我们的官员不再定位为大人、贵人，而是定位为公仆。“为人民服务”是国家公职人员的警示牌，时刻提醒我们要认清自己的公仆身份；“人民当家作主”是悬在官员头顶上的利剑，随时会斩切我们滋生的官僚威风。威风这种东西，不过是人们头顶上的一块乌云，最多能泼几滴秽雨，压抑一下人们的阳光心情，不可能受到人们真正发自内心的敬畏。我们所有人，不管身份有多显赫，事业有多大，财富有多厚，名气有多响，最好清除心里的那点官威之欲，大也隐于市，显也敛于众，脚踏实地，匍匐前行，把自己藏于平凡之内，融于万民之中。

比如，当权欲落脚在私利。

官欲还让我想到权欲，权欲是一种最大欲望，也是人性里固存的控制欲。一个人如果手握公权，权欲过盛，就会追求用公权摆布他人和控制利益的最大化。现在，我们有人把行业分成吃香的与不吃香的，把职务分成有分量的与没分量的，把位子分成实的与虚的，其划分依据，一看就知道是权力和权力可能衍生的利益的多少。

我有一个校友加文友，20 世纪 90 年代中期，我在大学教书，他在苏北的一个县中学里教书，出差来省城总要到母校，找我喝一杯小酒，谈一番人生。那时候，他是一个理想主义青年，怀揣着博大的济世情怀，看不惯干部与知识分子、平民百姓之间的待遇不平等。21 世纪初，他获得了一个机会，被地方政府选调出来，当上了县领导。后来他再来找我聊天的时候，表现出来的“看不惯”不一样了——看不惯部门条块之间的权力不均，以及同僚之间分工不平衡导致的权力差距。再过了几年，他当上了县长，谈论的话题更多的是做事的不如管人的权力大，历尽千辛万苦，到头来功过是非全是书记说了算。2010 年前后，他当上一把手了，这个时候不再谈不平衡不平等这些话题，而是抱怨同僚和下属太计较权力这种东西。

一个人的观点为什么会产生这种变化？其中的规律是“屁股变化”，然后是“脑袋变化”。其中的关键，是他太关注权力分配这件事，在他看来，一切不平等就是权力分配不平等。如果像他做教师的时候那样，在乎权益的社会性不平等，那还是令人敬佩的，应该说是一种难得的济世情怀。但他成为权力的拥有者，甚至成为权力的分配者时，他关注的不再是全局，而是他那根权力链条里的那几个环节。他不是济世的，他是“济己”的。2013年，这个师兄因为腐败被查办，判刑入狱。过了两年，我找了一个机会去监狱看望他。他说，他是被权欲害死的，在位时，几乎时时刻刻都在跟人比权力，扳手腕，生怕自己弱势了。最悲催的是，他的心态失衡是最后一次被提拔惹出来的。组织考察他，提一级，当时很开心。可是提拔结果出来时，他急了。此次在他那个地区一共提拔了三人，给他的岗位是政协副主席，而其他两个一并提拔的，一个是常委，一个是政府副职。他说：“我哪里干得比别人差啊，为什么给我一个副主席，而给别人常委和政府领导的位置？”他上任后，憋着气，就开始自暴自弃，一边捞钱，向以前他关照过的那些商人索要回报，收秋后的“租子”，一边放任自己吃喝玩乐，很快堕落。

他的这种反问是很值得玩味的。同样是副厅职务，为什么在他看来，如此不平等？在监狱中，他跟我聊得很深，他说，官场上有许多“规则”和“理念”，摆不上台面、写不进纸面的那些东西，在口口相传和心心默契之间盛行。比如，一种极有市场的论调——有位不一定有威，有权不一定有势，有职不一定有利。说的是官场的一种“潜教训”，官职的一种“灰本质”。

我问他，这个怎么理解。

他说，这个可厉害了，抓住了官场的世俗本质。有的位子，也算是个官位，可它毫无威风，像副主席这种，你不能说这个位子不重要，参政议政，对党对国家对人民，的确很重要，但对自己不重要，因为没有实权啊。有的人在位子上有权了，可是他的权力用不出去，自己的权力意志贯彻不下去，为什么？他没有势力，没有培植出众多的追随者，下属们对他阳奉阴违，执行他的指令多是蜻蜓点水，应付皮毛，那他的权力就被晾在那里，时间长了就从实权变成了虚权，虚权也是权，但是难以为自己发挥作用，不能帮自己实现抱负，获得对等的人生价值。最后一句话，有职不一定有利，其实是三句话的落脚点，说出官场本质是争夺利益。职务再高，没有利益就没有意义。利益也不光是改善柴米油盐的那点实惠，它是多方面的，还有地位、人脉、名声这些，很多时候，都是从你的职务里派生的。但有的职务能派生出很多利益，有的职务它就仅仅是个职务，你只能干活，它对你没有多少好处。

我听得有点呆了。

他笑笑，摇摇头，说不栽跟头，这些观点怎么听怎么有道理，栽了跟头，发现是毒药不是鸡汤，它违背了一个最简单的道理，就是公权力应该为公所有，官不过是公权力的传送人、执行人，是把公权力兑现的利益传送到全民全社会那里去的人，并非这些利益的合法享有者。就像厨师烧菜不是留给自己吃的，快递车上的货物不能拖回自己家，银行的行长不能支取大家的存款，一样，一样，一样啊！所以，就着一份职务，在那里盘算这个职务能为自己创造多少效益，是非常愚蠢的，等于自掘坟墓。

我说：“你真是花教训买聪明了。”他说：“其实这根本不是什么深奥的道理，这三句话你以为需要聪明的脑袋才能想通？不是这样的。我可以拍胸脯说，哪个干部都能看得出这个论调的错误。但有时候，人不是用脑子思考问题，是用他的心思考问题。心有非分念，脑子就糊涂。人都是为自己的心服务，脑子也不例外。于是心有所令，脑有所从，他就主动装起了糊涂，他就愿意这样糊涂，甚至享受这样的糊涂，有的就变成真糊涂。只要社会存在腐败通道，权力兑现私利很容易，很快，再用私利去博取权力，有时候也管用。所以，权力跟私利能够沆瀣一气，滚动膨胀，一时彼此壮大，直到有一天爆炸。”

在跟他交谈的过程中，我想到一句俗语，说权力是春药；还有一句话，说权力是毒药。其实这是一句话，春药让人瞎膨胀，毒药让人入膏肓。不正当运用的权力，它是让人生病的药，不是治病的药。

那天告别了醒悟已晚的校友，我走出监狱的大门，微风拂面，外面的世界真的太美了。正是傍晚，天空中停泊的缕缕轻云，正在晚霞中变得绚丽，刹那间辉煌后，逐渐淹没于静谧的夜色。我突然想，我们应该把人生就比着这天空，把身份比着这些轻云，不管你的云朵看起来有多大，你就是轻云中的一缕，如徐志摩先生诗歌里所说的那种境界，轻轻地来，轻轻地走，轻轻地停泊一生。晴空传美，炎热遮阳，旱季化雨，无声无息地焕发纯洁的风采；即便有谁赋予我辉煌，那就尽情放射自己的光辉，而不是吞噬太阳的能量，最后把自己烧毁。更不要吸浊聚秽，变化成一朵乌云，丑化了自己，还玷污了大地。再长的人生，也只是人类历史长空里的一瞬。以透彻的心，看透这一切，看透自己，这是多么美的一瞬。

你轻轻地来，你轻轻地生，你轻轻地走。

化俗：发育的枷锁

上流源于脑，风流源于心，下流源于根。

作为个体的人处在大千世界、芸芸众生之中，左右我们的人生观、价值观，影响我们的生活趣味的，往往不是那些大理论大教条，而是乡俚世俗。简单地说，就是普遍存在于社会空间的那些俗文化。

中国传统文化，有高尚精髓，也有世俗杂碎，一并风行社会几千年。这世俗文化在广大老百姓中，在社会基层，甚至在官场中历来都很有市场。可以说，我们每个人在成长的过程中都或多或少有所沾染。一不小心就被这类文化塑造，把一个本真的自己重塑成一个世俗的自己，一个市侩的自己，甚至一个丑恶的自己。世俗文化因为由来已久，积淀很深，面广量大，无孔不入，可以说，不是“大隐于市”，而是自成市场，在中华民族的生存与发展的空间里自由贸易，影响着我们每个人的心灵发育。

我曾经把世俗文化里的一些比较恶俗的、危害比较大、普及性比较强的表现和所谓的理念找出来一些。我想先不针对老百姓，而针对社会精英和权力群体，来做一些浅薄的举证和观察。比如面子，比如儿子，比如市井市侩，比如小农意识，比如一人得道鸡犬升天，比如难得糊涂，比如时尚，等等。

比如：面子。

400 多年前，培根就断言：“当权者有四种主要的恶习，即拖沓、受贿、粗暴和抹不开情面。”可能我们认为，这四种恶习显然是受贿最严重。可培根却说：“这爱面子，比受贿危害更大，因受贿不过是偶尔为之，而当权者若是被这情面牵着鼻子走，那他永远（违背原则与滥用职权）脱不了干系。正如所罗门所言，为情面并非好事，有了讲情面这样一个理由，甚至为一块面包就去枉法。”培根的话里有几层意思，一层是列举腐败的主要类型是四种，另一层是说四种里面，情面的危害最大，而我们却容易忽略这种危害。意在提醒人们注意，腐败里面有情面这么一种看起来没有危害却十分有害的东西。还有，培根所说的四类腐败，前三种里，拖沓是习性，受贿是德行，粗暴是作风，而第四种抹不开情面，其实是一种世俗文化。这就是说，人一旦被世俗文化所侵蚀，就能形成大危害。

面子这种东西，中国人更熟悉了，中国社会一向被称为“人情社会”，中国人的面子之重，甚至超过生命。20 世纪初，西方传教士在中国宣传基督教，折腾了若干年后慨叹，中国人没有信仰，中国人不肯信仰。美国有一部获得奥斯卡金像奖的著名电影《阿甘正传》，里面讲到傻傻的主人公阿甘曾经到中国来混过两年，他女朋友对他这段经历很好奇，问他中国是什么样的。阿甘想了半天，只说出两点印象，中国菜好吃，中国人不相信上帝。女朋友听了很不解。

林语堂先生则在一个世纪前就用自嘲的语气“驳斥”老外们，他说，谁说我们中国人没有信仰，我们有，而且不是一个，是有两大信仰：面子和儿子。林语堂先生调侃我们的国人，对面子的重视，竟然跟根深蒂固的传宗接代观念一样顽固，而且排在传宗接代的前面！中国社会的现实就是，达官贵人，平头百姓，无不活在面子里面。为面子奋斗，为面子所累，为面子所毁，不管有荣有损，都死抱着不放。

面子文化塑造出来的人，不能脚踏实地、老老实实做人，实实在在做事；言过其实，浮夸妖惑，特别喜欢做自己力所不能及的事，很容易形成虚荣到虚假，进而虚伪的人格。这种人格发展到一定程度就变成欺骗。欺骗型人格表现在官场，是虚报、奢侈和大搞形象工程；在民间，则是山寨文化、山寨经济的根源。

记得读大学的时候，教授讲过一个故事，说中国的某朝代全社会盛行虚荣，男人在外面混世，尤其爱面子，混世的资本就是面子。有的男人在外面人微言轻，其实是没有什么面子可言的，但为了保住最后一点面子，回家时在老婆孩子面前就要腆着肚子，摆出一副功成名就的样子来。有个男人声称自己人脉很广，在外面混得很开，经常被人邀请吃饭，好酒好肉，吃完很晚才能回家。其实此人根本就是混混一个，没人正眼瞧的一类，哪里有什么吃吃喝喝的好事！但是，他就剩下在家人面前那点面子了，所以只要出了门，就不敢早回家。为了填饱肚子，还要弄出大鱼大肉的样子，每天就出去找吃的，哪家办葬礼，他就蹭过去，勘察一下坟地。新坟地上一般都有供品的，几块肉，一条鱼，甚至一碗酒，天黑下来，他就潜伏过去，跟死人一起“进餐”，也是吃得满身酒肉之气，哼着小调回家，在老婆孩子那里博取一点面子。实在遇不到葬礼，他就到菜场肉案子前，装着要买肉，挑肥拣瘦，手上抓得全是油，舍不得洗掉，磨蹭到天黑，再把手上的油抹到衣服前襟和嘴巴上，歪歪扭扭地回家。老婆嗔怪几句，怎么弄得一身油，你这衣服怎么洗啊官人！娇嗔之下，面子十足。

这个故事让我们大笑之后，也让我们为他们感到惭愧和心痛。为了面子，也真是豁得出去啊。

这种风气在今天，也未必不盛。用苹果手机才有面子，为了买一部苹果手机，有的年轻人甚至不惜割卖自己的肾脏。余华先生的小说《第七天》就写到这样的故事，女朋友爱面子，喜欢苹果手机，男孩爱面子，命令自己必须给女朋友买苹果手机，但苹果手机太贵了，他一咬牙就去割了肾脏，手机买了，面子有了，命却没了。

前些年，有好多企业家简直就是在为面子创业。有的人开个巴掌大的小吃店，开业时要挂上几十条标语，摆上几十个花篮，写了一大堆领导、名人、实权部门致贺的话。有的企业只有 10 万元注册资金，却开业就借钱买上一辆黑色奥迪。为什么要买黑色奥迪呢？因为黑色奥迪是各地党政要员的专用车型。坐上黑色奥迪，感觉就混同要员了。生意没做起来，奥迪坐上了，后来不是屁股冒烟，而是欠了一屁股债。还有的老板刚刚做了一两个小企业，就不惜违法，拆成几个企业，再虚假注册资金，打造成一个所谓的“集团企业”，做这一切，就是为了自己的名片上印的不是“经理”“总经理”，而是“国际总裁”“董事长”。

江苏有个搞工程的老板，20 年前手下有两支工程队，就注册了一个集团企业，自称了一阵“董事长”之后，还是觉得面子不够大，干脆把企业的名称改得超级大，自己的职务也变成了“董事局主席”，让他的手下一口一个“主席”地喊着。有一次，我在一个会场遇到他，因为认识，跟他打招呼，他缓缓站起来，把身上的大衣一抖，两个随从就熟练地接住大衣。然后，他缓缓地向前走了两小步，把手伸出来握住我，微笑着、慢慢地颔首，说幸会幸会。说实话，我有点呆住了，这不是电影里的慢镜头吗？一个从泥瓦匠成长起来的企业家，怎么把谱儿搞到这个程度的？面子文化真是相当厉害啊。

面子文化在人际交往中的危害更广。许多时候，一些家长开后门让孩子上名校，竟然不是考虑孩子的志趣，而是让自己有面子，所以，这些家长就容忍教育资源的不平等分配。有的干部遇到别人求办事，觉得自己如果办不成，就很没面子，于是违反原则，顶风违纪也要办。为了面子，规矩就被他们逐渐破坏。一个街道办主任，女儿出嫁，本来按照规定，作为一级领导干部，为子女操办婚事应该从简从俭，可街坊邻居好几家嫁女或娶亲，都是越办越阔绰。主任就觉得，自己好歹是街道里的“头面人物”，女儿出嫁没有点排场，太没面子了，以后出了门都没脸见人。于是他顶风违纪，把女儿出嫁的事办得轰轰烈烈，奔驰宝马从街头排到巷尾。

面子文化渗透到政界，那就更不得了了。西部某欠发达市和珠三角某发达市两个市长，在中央党校同班学习，不管落后发达，市长都是市长，同学都是同学，两个人处得极其融洽。两个人相约学习结束后互访，交流城市建设发展大计。学习结束回到各自的城市不久，应珠三角发达市市长的热情邀请，西部欠发达市市长访问考察了珠三角的发达城市。这一看，不得了，高楼林立，车水马龙，发达市的各种高大上让西部欠发达市市长惊羡不已，同时心里产生了深度的自卑。回到自己的城市，这位市长没有立即邀请人家回访，觉得这个破旧的城市太拿不出手，作为一市之长，太丢面子了。于是他决定透支城市实力，大搞形象工程，先快速改变城市的面貌，等过几年大变样了，再邀请人家来看。疯狂地拆迁、扩建、大兴土木，他的面子工程在此后的两年把市政府拖入债务的绝境，把地方百姓也折磨得困苦不堪。

还有一种“面子”就更邪乎了。

媒体报道，近10年来，卢氏县委土坯房大院成了“网红”。经历了数轮主流媒体的宣传报道后，迅速在网络上传播，受到亿万网民的追捧。2007年和2013年，《人民日报》记者两次访问卢氏县委大院并刊文报道。在前些年各地政府竞相为办公房盖大楼的风气下，该县几任领导坚持在用了几十年的土坯房大院办公，把钱省下来，用到地方建设的刀刃上去。一时间，“土坯房精神”成为一个符号，卢氏县风头无二。2009年，卢氏县委还因此荣获全国“人民满意的公务员集体”称号。县委书记、县长成了人们心中勤俭的好干部，土坯房也成了县里的“门面”，全国各地的网民纷纷前来参观，感动，拍照，播发，点赞。有网友写帖子说：高楼大厦是政府的面子，土坯房大院是政府的里子，我们宁要这个落后的里子，不要那种看起来豪华的面子！

可是，事实真相是，以县委书记王某为首的卢氏县几套班子，借用这种“没面子”来换取大面子，是一种反其道而行之的作假伎俩，保留土坯房大院，象征性地弄几个人在里面办公，只是为了塑造清廉的形象，以掩盖内心的虚弱。卢氏县领导班子出现了“塌方式腐败”。

三门峡市纪委宣布县委负责人落马的8月18日当天，卢氏县城东大街，一阵鞭炮声骤然响起。在此地居住、早就明白事实的卢氏县老百姓说，这鞭炮声是为了庆祝这群县官的画皮被撕开的。

有位老干部在一个国庆座谈会上说，我们以前不是这样为了面子而不顾一切的，我们是一个务实的政党。新中国成立前和新中国成立初期，各级领导干部，从来不在乎个人的面子，也不会觉得呈现落后的真相就是没面子。面子不能大过规矩，面子不可掩盖事实，要面子不是我们虚荣、浮夸、弄虚作假的理由。他讲了两个故事。

其一是列宁与卫兵的故事，其二是秦基伟与通信兵的故事。一个是防止面子挑战规矩的，一个是防止权威呵护面子的。

列宁与卫兵的故事我们再熟悉不过了。列宁因为拿不出证件，被执行守卫任务的卫兵毫不客气地挡在门外。随从觉得列宁贵为领袖，竟然被一个小小卫兵拦在门外，很没面子，要处理那位卫兵。但列宁却表扬了卫兵，因为卫兵在规矩面前不肯让步，管你什么大官面子大，大家面对规矩一视同仁吧。

还有一个开国上将秦基伟被通信兵打断通话的故事。秦基伟军长指挥上甘岭战役时，一次与困守坑道的部队通话，刚说一句“转告坑道里的同志们，军党委和军首长都很惦记前面的同志……”就被电话兵毫不客气地打断了：“首长，别啰唆了！拣要紧的说，先下命令吧！”秦基伟后来回忆这件事，神情凝重地说：“战士们做得对啊！那时牺牲了很多通信兵，也很难保障电话长时间通畅，只能抢一句算一句。”看着这段材料，上甘岭那严酷、紧张的战争场面仿佛涌到眼前。一个通信兵，竟敢打断军长的话，不让首长啰唆，竟还指示军长该做什么，真是惊人之举，真是了不起！虽然秦军长话被打断，却肯定通信兵做得对。首长的面子是顾不得的，战争中为了争分夺秒，即使是军首长，通话也必须简短，不能啰唆。

反观现在，就说一件最简单的事吧，某些官位还不算高的领导干部讲起话来，空洞啰唆，套话大话成堆，浪费的时间无限，真该有人站起来向这些官员也大喊一句："领导，别啰唆了，拣要紧的说！"可是现在几乎没有人敢这样做。为什么？面子比天大，你打断了领导讲话，他真的会觉得没面子，你真的会吃不了兜着走。

世俗的面子文化，已经把某些人的自我意识喂得很肥大了。

比如儿子。

中国的老男人，大都心里有个"鬼"，这个"鬼"叫传宗接代，重男轻女。

当然，这个"鬼"在心里不是一天两天，而是几千年了。古典励志范文《愚公移山》，教育别人不要害怕大山挡路的困难，不要担心移山工程的艰巨，因为我们后继有人，可以一代一代地挖。文章说："虽我之死，有子存焉；子又生孙，孙又生子；子又有子，子又有孙；子子孙孙无穷匮也。"他为什么不这样写："虽我之死，有子女存焉；子女又生孙和女，孙和女又生子和女；女又有女，子又有孙；孙孙女女无穷匮也。"噢，一看就知道，老祖宗眼里，儿子孙子才是真正的"后代"，女儿孙女外孙女，那就不算接班人了。从这一点上讲，愚公他可真是个"愚公"。

前文提到，林语堂先生也说到"儿子"是国人的信仰，那是一个世纪前的判断。今天我们的这种封建意识已经淡了很多，但不等于已经根治。中国妇联的一个下属机构，前几年曾做过此类问题的调查，结论是依然有一半以上的中国男人喜欢生男孩，只有百分之十五左右的男人希望生女儿，比无所谓男女的比例还要小。这就来问题了，这种意识除了带来男女比例失调等社会麻烦外，也给个人的命运带来影响。

我前几年为了创作《追问》，集中研究了上千落马官员的案例，发现了一个现象，就是在独生子女政策的约束下，从“婚外情”发展到“家外家”的落马官员，绝大多数与原配妻子生的是女儿。南方某省的测绘局原局长陈某，与一位年轻女子产生婚外情，交往一段时间后觉得不妥，本可刹车，可这时女子怀孕了，拖了两个月不见他，然后告诉他，到医院找熟人看过了，是个男孩。陈某自己家里有一个女儿，男孩传家的封建思想开始作怪，于是不再坚持要女子把胎儿打掉，而是放任女子生下儿子，并在外面置办了另一个家。有了儿子，陈某整个像换了一个人似的，一改过去还算清高的作风，不顾廉耻，到处收钱，购置商品房、汽车等，要为儿子创造一份家产。甚至两个家一碗水不能端平，受贿 10 万先拿 7 万给外面儿子的妈妈，剩下的 3 万带回家上交给女儿的妈妈。

陈某这样的并非个例。如果没有庸俗的“儿子”观，他至少不会走到“家外有家”的邪路上去，也不会如此如饥似渴地利用公职谋取私人财产。

比如江湖义气。

江湖义气是一种很大的俗文化精神，来自码头、圈子、帮派，核心是侠气、利己、平均和报应等等。你不能说江湖义气一无是处，比如江湖上倡导的平等啊、因果报应啊、打抱不平啊、有难互助啊，都有其趋向正义和善良的一面。但江湖义气基本上还是没有理性的尺度，个人情感驱动，任凭意气用事，缺少共识，没有大局，认人不认法，以及最有杀伤力的“老大”意识。

有位派出所所长，把派出所搞成自己的江湖，一方面尽量照顾好派出所每个人的个人利益，有困难必帮，有好处共享；另一方面把自己打造成这个圈子的绝对权威，大家就听他的，派出所只有他一个老大，根本不存在什么“领导集体”。上级的意志，在这里符合他这个老大的，就贯彻，不符合就晾到一边。他管理的辖区，有两个执法标准，经常执行的是他个人和他这个小圈子的好恶标准，而不是把法律当成唯一标准。这个人其实已经行走在半黑半白的社会夹缝中，是十分危险的。此人后来指挥手下动用私刑，报复当地的一个民营企业家，未经任何法制程序，就整得企业家家破人亡。他被纪委立案审查后，他的下属竟然替他鸣不平，觉得老大是个好人，很讲义气。

一群执法者，却不遵守法律，而遵循小圈子里的游戏规则，被法办了，依然不反悔。可见江湖文化对这个小集体的毒害何其深。

比如，市井市侩。

我们中国人，说到底都是来自某个旮旯，不是一个小乡村，就是一个小城镇，或者一个小街道，一个小区。我们通常所说的小市民，在我的理解中，可以读成“小的市民”和“小市的民”，一个指气量不大，一个指格局不大。两个不大，最终指向一种世俗，就是市井市侩。

市井市侩未必是一种恶，但绝对是一种眼光局限、境界局限。有眼前而没有长远，有精明而缺少智慧，大个人而小集体，重利益而轻情怀。

市井市侩文化一旦蔓延到商场，唯利是图、利益最大化、没有公益意识的奸商，就会比比皆是。市井市侩一旦装备了官场，没有理想情怀、缺少道德素养、鲜廉寡耻的庸俗奴才就会大行其道。市井市侩一旦浸淫了文场，御用、软骨、迟钝，毫无独立思想和人格的伪文人，就会端着文字讨饭碗，到处摇尾乞怜。我们的时代，会被污染成一个鼠辈辈出的“矮时代”“灰时代”，国民性将猥琐不堪。大文化、大中国会被苟利集团蚕食得七零八落。

所以，我们要特别警惕市井市侩混入社会各个重要领域的管理层面，控制这种文化从基层社会逆流向上，侵蚀中国的主流文化。

比如，小农意识。

与市井市侩配套的，是小农意识。中国是个农业大国，我们大多数人都来自农民家庭，你的父辈不是农民，那你的爷爷就是农民，你的爷爷不是农民，估计你的太爷八九不离十是农民。中国的城市化历史很短，所有人不是农民就是农民的后代。“农民”是好的，“小农民”是中性的，“小农意识”就不一样了。小农意识泛指来自农村底层的一种世俗文化观念，在一小块地上自耕自作，只求温饱，满足自我，无协作精神，缺少公共意识，画地为牢，固守私利，冷漠愚钝。

小农意识者最大的特点，就是凡是自己看不见摸不着的，就是不存在的，或者存在不存在都是事不关己的；凡是能触摸到的，都是自己的一亩三分地，是私家的菜园子，谁也别想踏进一步，只能由着自己任性地支配。

某小农意识特别强的国企老总，甚至觉得单位的漂亮女人都是自己的私有财产。当他得知单位办公室的女秘书跟外人有私情，大发雷霆，认为被别人戴了绿帽子，组织黑社会教训女秘书的情人。而他自己案发后，被查出跟自己单位四名女性长期保持不正当关系。

媒体曾报道，广东省某市女副市长，把单位的财务当作自己的，家里所有的开支都拿到单位报销，甚至出差途中买卫生巾等都要报销。她的理由竟然是，我是为单位工作过程中来例假的，属于工作例假。

中华人民共和国成立之后，中国农民在整体性成长，新时代的农民既保持了传统的勤俭朴实，又通过不断学习，具备了开阔的视野、豁达的心胸和开明的觉悟。正因为如此，几十年来，从农村走出的千千万万农家子弟，成为各行各业的精英骨干。很多农民也有了只身闯天下的机会，外出打工和创业，成为平常事。中国的城市化进程，以及中华民族在当代的文明飞跃，正是浩荡的农民及其子弟加入、一同进步的伟大成果。所以，我们几乎忘记了还有“小农意识”这回事。其实，它没有消亡，而是随着农村和农民的发展，消亡掉一部分，另有一部分被携带到社会的各个层面，继续寻找着滋生的土壤。

土壤在哪里呢？散落在有些人的心中。

“我很后悔，我是一个农民的后代……”这样的忏悔，这些年并不鲜见。西装领带红地毯，鲜花掌声主席台，才华出众，富可买城，主政一方，名显四方，再大的功名利禄也不能自然消除人心中的缺憾。不管来自何方，我们真的需要边成长边修炼，有修炼才有取舍，才懂得取舍的必要，懂得心灵世界何其大，一亩三分地何其小，可不要种了小田，荒了大地。

比如，一人得道，鸡犬升天。

在传统的世俗成功学以及家文化的糟粕中，一人得道鸡犬升天，是最常见，也被运用得最泛滥的一种。几千年来，我们都在宽容、理解甚至接受这种糟粕。它往往披着“亲情珍贵”“不忘本”“善待穷亲戚”“对晚辈负责”等光鲜的马甲，大摇大摆穿行在世俗，历朝历代都没有停止过作为。《红楼梦》中，刘姥姥进大观园被读者津津乐道，视为最精彩的桥段，那是因为穷亲戚受到富亲戚的善待和无偿的物质馈赠，贾府也乐得花点雪花银，演一出可以载入史册的道德大戏。清朝巨贪和珅罪不可赦，被皇上问斩，但皇上却立即把他的儿子扶上高官位子。新皇帝由此受到群臣的夸赞和百姓的颂扬，认为其厚道，念父辈的旧情。我们的政府在 20 世纪 80 年代也有一个时期，干部子女若自己不能成才，可以直接为其安排一份工作，吃上国家粮。大家认为关心干部，让下一代直接接班，理所当然。所有这一切，都是这种文化“披麻戴孝、厚德载物”的表现形式，它能为操作者赚取短暂的、看起来顺情合理的口碑，但它加剧了这种世俗文化的负能量，使其危害变得更加深远。

我曾参与办过一个案子，某市一位美女局长把自己的整个青春和人生，几乎都献给了她和丈夫背后的两个家族。年轻的时候，她工作勤奋，聪明能干，口齿伶俐，在地方上是小名人，找人办事就比较方便，容易得到别人的帮助。家人亲戚看中这一点，有任何困难，想到的就是她，直接找她帮助，而不是自己先想办法克服。她也乐此不疲，尽力为他们解决。她走上领导岗位之后，夫妻双方的家人和庞大的亲族，一旦有困难，大家第一时间都习惯来找她，她像一个陀螺一样，陷入了没完没了的世俗家务事的旋涡，无法自拔。她很烦很累，但每办成一件事，每看到一个晚辈因她的拔苗而“成长”，每听到一句亲人们对她的颂扬，她都感到一份安慰和满足，觉得自己的成功惠及家人，是尽了一份责任，了了一些心愿，自己作为最有出息的家族一员，也算是对家族有了一份交代。为了办事，她到处求人，请客送礼拉关系，不知不觉走上了违纪道路，最后被查处。她懊悔不已，痛哭流涕，在看守所一头撞墙，就想一死了之。本来是家族的柱子，如今却成了家族的耻辱，所有的付出，换回的是这样的结局，实在是难以承受。

其实，我认为这位中了“一人得道，鸡犬升天”的毒的女局长，只看到了自己个人的人生悲剧，至今还没有看到真正的危害在哪里。由于她的“得道”，家中的“鸡犬”们纷纷借助她的力量升天，这些“鸡犬”的翅膀，也许根本就不具备飞翔的本领，借助的力量失去之后，随时会折翅摔落。她其实在“帮杀”他们。还有，整个家族习惯有这样的靠山，失去了发展的危机感，不再求上进，会逐渐形成一种“等、靠、要”的懒惰家风。这样的家风下，家族的败落指日可待。所以，她也“温水煮青蛙”地坑杀了家族的前途。

比如，难得糊涂。

自古至今，很多官员喜欢把“难得糊涂”挂在墙上，郑板桥体的“难得糊涂”书法条幅，不知道被复制了多少，发行了多少，大都挂在了成功人士背后的墙壁上。在社会上，大大小小的人物，脱口就是难得糊涂，有时候用来自我解嘲，有时候用来劝慰别人。

“难得糊涂”已经成为世俗场的一种生存文化，一种精明标签。

那么，“难得糊涂”到底想告诉人们什么？

在郑板桥那里，“难得糊涂”是他在官场遭遇黑暗又不愿意同流合污的一种引退决意，是聪明看透之后的“无奈”，也是对“软弱无力”的自嘲。这个时候，“糊涂”是最好的退路，放弃是最好的出路。想在心灵上坚守，只能在世俗里撤退。丢世俗而保心灵。这“糊涂”未尝不是一种高明的人生取舍，故以些许的自鸣得意而称其“难得”。这种“糊涂”，从本质上来讲，至少是中性的，是有底线的，不是一种负能量。

我们现在的官场，已经完全不同于郑板桥的清代封建官场。郑板桥的官场是皇家私家宫廷，背靠的是主子，一旦内斗，是非难辨，谁的主子狠，谁就是“是”了。郑板桥不用世俗手段寻求靠山，孤军作战，等于找死，所以装起了糊涂，临阵弃甲逃跑。在封建社会，想洁身自好，只能这样做。再说，官员们糟蹋政风，损害的是皇家统治利益。从使命责任的角度看，也不冒犯崇高，不直接损害百姓利益。但今天我们的政治体制已经完全不同，国家是集体，是人民的，政府是服务主体，而不是统治主体。我们就不能遇腐败闭眼睛，遇恶人绕路走。应该坚信，支持在背后，真相在路上，真理会屹立，正义会获胜。选择“难得糊涂”当然是错误的。

当然，今人所抱持的“难得糊涂”，跟郑板桥的“难得糊涂”，含义已经完全不同。今人的“难得糊涂”更多的是劝人、劝自己什么事都不要较真，得过且过，不要为做事而得罪了人，给自己惹麻烦。

要善于在夹缝中求生存，不要博取风口浪尖上的利益。有时候，给人一分利益空间，说不定自己还能获得半分利益，互惠互利，不失为一种双赢的聪明。说白了，就是不要追问真相，不要死守原则，不要为无关私利的事跟人较真。比起古人的“糊涂”，今人的“糊涂”已经发展成一种“厚黑”文化了，相当恶俗。

《风雅殇》（《追问》第三章）里的文化厅厅长，是一位专家型的领导，本身是画家，对书画产业也十分专业。他明明知道自己所分管的文化市场，管理混乱，执法不力，手下人勾结奸商，大肆制作和销售假字画伪文物，却采取不较真、不过问的态度，在治理上不作为。贪官奸商们也心照不宣，用购买这位厅长作品的方式，进行回报。文化厅长就乐享起自己的“糊涂”来。糊涂让他获得了好处，从个人利益看来，他当然觉得这糊涂“难得”。我们说，腐败有积极腐败和被动腐败。这位文化官员的腐败，应该属于被动的腐败。看起来他没有主动去腐败，但他的装糊涂、不作为，照样产生了与主动腐败别无二致的腐败后果，而且十分严重。一个地方的文化市场遭到破坏，政府的文化信用大打折扣，文化消费者的利益损失很大，伪劣艺术品的流传也污染了人们的审美，抹黑了艺术精神。这位文化官员的“糊涂”还不够“厚黑”吗？

如果是真正的明白人、良心人，应该坚决地扯下墙上的“难得糊涂”，清除心里的“难得糊涂”。高悬正大，心装明镜，才是人生正道。

比如，时尚。

很多人喜欢赶时髦，生怕跟不上潮流。一旦什么事物流行，他总要想方设法沾染一点。他也不去细究，这种时兴的新事物，到底是非黑白如何。口头上说是惧怕落伍随大流，心里其实很享受其中的俗气。

清末民初是中国社会和官场陋风盛行的时代。由于吏治腐败，法律松弛，社会上兴起了各种畸形的时尚。当时最强劲的两股时风，就是南方的赌风、北方的嫖风。据记载，苏浙闽等地全民皆赌，一度赌场不够用，把学堂、戏院甚至衙门都开辟成赌场，日夜翻台。官员士大夫公职在身，毫无顾忌，公开参加聚赌。据说，福建省整个官场几乎不办公，把赌钱作为日常功课，大官小吏，人人参与。有一位书生气十足的官员，大白天到巡抚大人那里去办事，见府里摆了三四桌，麻将声此起彼伏，看不下去了，高声呵斥，严厉制止。没想到巡抚大人就在场呢，十分尴尬。于是，撤了麻将桌，索性当场升堂，以咆哮公堂的罪过，把那位官员打了几十大板。事后，跟他关系友好的同僚，竟然责怪他不识时务，扫了大家的兴。

这个时候的北方也没有闲着。北京、天津等城市，达官贵人甚至皇亲国戚，趋之若鹜地结伴逛胡同、狎妓，连同治皇帝都忍不住，脱下黄袍，着黑衣瓜皮帽，带着贝勒爷一起深入街巷，与民同乐去了。到了清末，嫖风久盛之下，畸形的性恋文化形成，无限制“纳妾”，“挂相公”，什么怪胎都见怪不怪了。上层社会不再节制，不再守道德，更不在乎什么规矩不规矩了，纷纷加入肉欲放纵的行列。当时有诗句描写士大夫的生活习惯，“除却早衙迟画到，闲来只是逛胡同”。逛窑子成了主要的事情，政务处理摆到了次要位置，成为“副业”。赶不赶这个时髦，甚至成了“土”与“洋”的分水岭，一个京官如果不经常去妓院饮酒作乐，会被同辈官僚嘲笑，说是乡下人，世代农民，不懂得人世间还有如此神仙般的生活。

在这种世风的滚滚潮流中，能稳得住阵脚的人越来越少，精英们不是堕落，就是弃官回乡，中国上层社会因此土崩瓦解，一旦有一点外部压力到来，一个朝代顷刻覆灭。

中国社会有个口头禅“随大流”，害人又误国。它教唆人，跟着世风跑，对时兴文化不辨雅俗，不问是非，昏头昏脑地接受，同流合污地跟随。而世风是一种多变的东西，越是时尚往往越是短命，一阵风过后，只能慌乱地收拾残局。古今中外，莫不如此。美国 20 世纪 70 年代为了治愈二战、越战、朝鲜战争遗留的心理伤口，采取了“以毒攻毒”的毒疗法。全社会以性解放为中心的享乐主义，风靡一时，其直接危害，是造就了“垮掉的一代”。

中华人民共和国成立后的70年，社会各个时代也产生过各种风潮，有的人坚决不跟，我行我素；有的人手持戒尺，进退适当；有的人不辨对错，盲目跟风；有的人内心强大而清醒，做了时尚的观察家、批评家和运用家，为时代的进步和社会的净化，作出了建设性的贡献。

你 80 年代留个长发，穿个喇叭裤，你 90 年代辞职下海做生意，你新世纪手拿苹果刷个微博，挥起小红旗暴走，跟着大叔大妈跳广场舞，这些都不是问题，就是赶个小时髦而已。但是，你作为一个社会精英，作为一名国家公职人员，如果 80 年代跟着倒爷倒买倒卖，90 年代跟着民企老板吃喝玩乐，新世纪跟着贪官勾结炒地谋利，跟着土豪声色犬马，那你就迟早要栽跟头。

西部有一个中等城市的副市长，羡慕民营老板声色犬马的生活。

起初还很犹豫，觉得那个老板包养小姐，没有节操，简直就是耍流氓。后来参与了几次放纵声色的活动，再被老板们洗洗脑，认为这样的生活在这个社会已经常态化了，甚至不赶一赶，沾点边，都落伍了，人活着不就是为了快乐吗？光付出不犒赏自己，怎么取得心态平衡呢？一番话，又一番话，三番五次下来，让这个本来很勤勉的副市长从内心深处堕落，最后成了一个家外有家、家外还有家的几重婚外情的违法分子、腐败分子。

先进的文化住不进，低俗的文化长驱直入，在心里扎下根，随时等候一个欲望的契机和世风的浇灌。这样的人生观和世界观当然低俗，当然脆弱。如果初心尚在，也许还有纠结、斗争，还有自我回头的机会。如果初心完全丧失，空洞的内心世界填满了欲望，不断迎合某一种或多种世俗、庸俗、恶俗的流行文化，优秀的传统文化已经没有空间发展，世俗文化在身上大行其道，扩散扩大，直至吞噬了很多良知。所谓初心好死，必然俗心歹活。

以上列举的诸多中国俗文化，是我们许多人成长的文化土壤：中国封建文化绵延2000余年，已经成为民族文化心理结构的潜意识，虽经数次清理改造，至今仍在影响国人生活。封建文化体现在国家层面上，崇尚皇权至上、等级尊卑；体现在家庭上，讲究上下有序、亲疏有别；体现在思想层面上，缺乏“超越意识”，追求“安身立命”的实用主义；体现在治理上，重德轻刑、重情轻规。封建时代以“孝”治天下，实行“家国一体”“家国同构”化治理，封建文化思想与金字塔式的国家、家庭结构相匹配，固化了官贵民轻、自私求利的文化心理，这是腐败产生的温床。

南京大学文学博士高红斧先生在阅读了我的《追问》后，不无感慨地写道：丁捷在《曾记否》中写到的女县委书记，认为“获取敬畏，是县委书记最好的定位”，这何尝不是权力的定位？权力一直高高在上；《无法直立》中的市委副书记做官前正当的权利曾屡屡为权所欺，《暗裂》中的高校党委书记的“大名士”光环居然被组织部门小吏抢走，这激发了他们狂热争权夺利的野心。《追问》里的官员满足于做官求财、光宗耀祖，任人唯亲、利及亲朋，官官相护、有私无公，这些都是封建文化遗毒的表现。

今天，我们强调“文化自信”，强调用中国优秀的传统文化塑造我们民族的灵魂，切切不可泥沙俱下。要深刻领会“优秀”这两个字的纯净度，坚决刨除文化里的封建积习，与恶俗做坚决的斗争。春风化雨，以高雅之文，化低俗之念，让巨大的时代正能量细润我们民族的心田。

Wu Zhi Pian

悟之篇

悟道：行者纵横

与人为善路路通，教子向善代代福。

我们说，初心走失，是欲望绑架的结果。但我们不是说，初心与欲望是对立的。因为，欲望是从人的本性里派生出来的，欲望是生命的本源。拥有适度的欲望是正常的人性。人类生活、奋斗，或多或少是为了满足属于人自身的一些欲望，这本无罪。但是，我们需要把握两个关键：一是欲望的边界，必须控制在合情合理合法的度内。古人说："鱼，我所欲也，熊掌，亦我所欲也；二者不可兼得，舍鱼而取熊掌者也。"这就是关于欲望之度的哲学。我认为，懂得"取"是一种智商；懂得"舍"是一种智慧，而智慧是智商加情商，是一种更为高级的精神。有智慧的人不光懂得"取舍"里"取"和"舍"的共存性，而且懂得取和舍的合理分量比值，懂得取、舍的先后顺序。一个人如果放纵个人欲望，使之出了边界，那必将自毁，欲望损公，公法则制之；欲望掠他人，必遭他人毁。一个人如果总是先索取以满足欲望，后舍予而做回报，不过是一个自私的精明鬼，长此以往，则人人见而避之，躲之不及。二是实施欲望的手段，必须是正当的。古人说，君子爱财，取之有道。这个取财之“道”就是实现欲望的手段，它说的是正道，符合正当的法理，而不是纯粹智谋和索取。

几百年前培根就在《论财富》中说：只挣你取之有道、用之有度、施之有乐且遗之有慰的财富。这就把个人物质欲望的产生、满足、管理甚至回报，全程说得很具体。有道、有度、有舍、有慰，就是你的财富来源要正，取得的手段要合法，对财富的欲望不能太大，要适可而止，同时要有收有放，不能像中国传说的貔貅，只进不出，胃口撑得越来越大。你还要乐于回报，要有点奉献精神。你对财产的遗留，要心安理得，问心不能有愧。而几千年前，孔子把人的欲望说得更透彻，归纳得更精确。子曰：“富与贵，是人之所欲也，不以其道得之，不处也；贫与贱，是人之所恶也，不以其道得之，不去也。”孔子说的意思是，富裕和显贵的欲望，是人人都有的，如果用非法手段去谋取富贵，就没有什么乐趣可言，你也不会享受到富贵的幸福。贫穷与低贱当然人人厌恶，但摆脱贫贱同样要合法，非法手段就不会真正摆脱。这算是对富贵欲望的一种警示，核心意思就是不正当的手段成就不了任何荣华富贵，只能折腾出空洞和罪恶。

“君子去仁，恶乎成名？君子无终食之间违仁，造次必于是，颠沛必于是。”警示过后，孔子进一步指出了，只有君子才配享有合法而安全的富贵，而君子的资格，就是“仁德之心”。君子如果离开了仁德，又怎么能叫君子呢？君子时时刻刻都是心怀仁德的，就是在最紧迫的时刻也必须按仁德办事。不要说身处富贵，或者走在去富贵的路上，即使处在贫困交加、颠沛流离的途中，也一定会坚守仁德之心。人心之美，人性之美，才是富贵的对等条件。所以，要富贵，先修炼好自己的人心人性吧。

那么，问题来了，我们怎么才能修炼好自己的内心，优化自己的人性，达到孔子所说的“君子”境界呢？要解决这个问题，首先得认识人心的变化，理解人性的复杂。

古今中外，人类的思想家在人心不能测的情况下，试图用对具有人类普遍性的人性揭示，进行对人的根本性的认识。但是，这种“普遍性”从来没有获得统一认识，而是因不同的民族、不同的文化，解读出不同的人性，甚至完全相反的人性结论。比如，西方更多认同“人性本恶”，而东方普遍认为“人性本善”；在欧洲的思想文化范畴里，有的认为人性“同期摇摆”，有的则认为“异期发展”；同是中华民族的先祖，也产生了大相径庭的结论，东周的思想家告子和孟子就有一场著名的人性争论，一个认为人性无所谓善恶，中性而已，一个认为中性非本性，是静态观察人性的死结论，人性的本性就是善性。

不妨对这些思想体系里的认识做稍微详尽的解读。在解读的同时，来观察一下基于这种认识而形成的社会构架与管理的、各不相同、各有千秋的文化基础。

比如，本恶论。

西方的人性本恶论，来自基督教对人的原罪认定。人都是罪恶的，生来就是污秽不堪，用钉子血淋淋地钉在十字架上，都不过分。《圣经·创世记》第六章说，耶和华分明看见人在地上罪恶很大，人终日所思想的都是恶。《出埃及记》中记述，亚伦说，求我主不要发烈怒，这百姓专于作恶，是你知道的。《以斯拉记》第九部分则说，从我们列祖直到今日，我们的罪恶甚重。因我们的罪孽，我们和君王、祭司都交在外邦列王的手中，杀害、掳掠、抢夺、脸上蒙羞，正如今日的光景。所以慨叹：神啊，我们因自己的恶行和大罪，遭遇了这一切的事，并且你惩罚我们的轻于我们罪所当得的，又给我们留下这些人。神啊！因你是公义的，我们这剩下的人才得逃脱，正如今日的光景。看哪！我们在你面前有罪恶，因此无人在你面前站立得住。

生命的过程，就应该是一个赎罪的过程，不赎罪，不通过自己有生之年努力洗净自己的灵魂，最后只能带着一身罪恶下地狱。“暴风一过，恶人归于无有；义人的根基却是永久。”

伊斯兰教则直接把作恶者划为异教徒，或者是真主的叛徒。《古兰经》说，真主是信道的人的保佑者，使他们从重重黑暗走入光明；不信道的人的保佑者是恶魔，使他们从光明走入重重黑暗。这等人，是火狱的居民，他们将永居其中。宗教对人性的判断首先是信仰的有无。在《古兰经》第62章节中，真主说：你看见他们中有许多人，急于作恶犯罪，超过法度，吞食贿赂，他们的行为真恶劣！这是从人的品行表现，来划分人性善恶的。对人性考评的依据，是信仰和表现。

在基督教、伊斯兰教信仰比较深厚的民族和地区，神权的威严和教化，是社会管理和人性管理的关键手段。国家机器都要服务于神权。神权至高无上，不可挑战。所以，中东、南亚等伊斯兰国家多见政教统一，欧洲等基督教国家的君主立宪制，皇族都是最虔诚的基督教徒，他们忠于教皇，皇权效忠于教权。大致如此。

比如，摇摆论。

人性摇摆论者不相信人性是凝固的，认为人性极其活跃，难以把控。人性会变化，甚至会极端化。早在古罗马时期，哲学家普罗提诺就指出："人类处在神兽之间，时而摇摆。有的人日益神圣，有的人会成为野兽。大部分人常态中庸。"所以，管理的科学，就是法规至上：把他律，即第三方约束，严厉的法律，置于第一位。中世纪意大利政治思想家马基雅弗利也说：不管谁想建立一个国家，管理一片社会，应该首先给管理者制定一套严厉的法则，因为，人性是会摇摆的，我们必须先设定人是可能向凶恶发展的。

应他律的要求，法制法规刚性化，是当今世界认可度很高的制度设计思想。但是，它能从根本上解决人性恶的问题吗？答案是，很好地解决了一些问题，但无法从根本上解决。

一切规则都是人制定的，它反映了人的意志，体现了人对于某类事物发生、发展和结局的预期。因此法规制定者的人性之恶会延伸、渗透到规则之中，演变成规则之恶，甚至使得人性之恶制度化。

中国古代有些地方，女人出轨要被囚笼沉水，这是封建社会制度的规定。在西方，被后人证明是伟大科学家的哥白尼和伽利略被残忍处死，执行的是当时的宗教制度；反人类的恶魔希特勒屠杀犹太人，代表的是德意志民族当时的民意选择的纳粹。古今中外，这样的例子举不胜举。

这让我们看到，我们不能保证社会和历史的局限，会让人性之恶随时有机会法规化。如果我们躺在法规刚性化的席梦思上，一只手执法，另一只手不同时从根本上不断改造和优化人性，我们当然会陷入历史的错误。伟大的哲学家康德说，行恶者的恶是一种根本恶，是被他们的理性所控制的对欲望的放纵，而不是欲望本身这类感性的东西。这让我们警惕，要解决规则制造的恶，还是要追问制定规则、执行规则的人，问他们的人心，问他们的人性。中国封建统治者让出轨妇女沉笼，骨子里还是把妇女作为没有任何自身权益的附属物，法规的制定丝毫不考虑被执法者的权利，其执法过度，更是透射出他们人性里的贪婪、邪恶和狠毒。

法规之恶也有另外一种折射，就是部分制定者、执行者和拥护者有一种无知的人性之恶。苏格拉底乐观地认为，人们行恶的唯一原因就是他们还不懂得真正的善。我认为他说对了一半，“唯一”是不可能的。中国的圣贤孔子则说对了另一半。子曰：“苟志于仁矣，无恶也。”意思是说，如果立志于仁，就不会做坏事了。总的说来，要知善，还要志善，才能自觉不行恶。

有些制定和执行恶规则的人，还是对其行为的“恶”心知肚明的。但往往追捧、遵照这些规则的人的确处在一种“无知之恶”之中。所以，要改变这一部分人的恶，首先是要改变他们的无知。懂得真正的善，对各种事件明白真相，对各种知识“有知”，才能在理性的层面上从善去恶。

当然，艾伯伦还说到“平庸之恶”，认为有一种人心之险、人性之恶，是明哲保身，随大流，冷漠自私。通俗地讲，就是路见不平，沉默不语，不是拔刀而是拔腿。这一部分人看似不作恶，其实是“助恶之恶”。巴金先生在“文化大革命”后写作《随想录》，说他的作家朋友王西彦对造反派坚决说“不”，结果被打断了肋骨。自己见状就赶紧闭嘴，甚至违心地写检讨书，颠倒是非。“文化大革命”后，巴金先生对此痛心忏悔，认为此举是自己人生里的污点。与此相反，很多当年的造反派，那些打断别人肋骨、逼人家破人亡的作恶者，却不肯认错，认为要错也是时代的错，体制的错，自己只是随大流而已。这些人，有“根本之恶”，有“无知之恶”，当然也有“平庸之恶”和“助恶之恶”。时代和体制，只是一块遮恶的布，这些“恶”得以发生，终究还是源于人性的短板。

所以恶之源是人性，光依赖法规，是不能正本清源的。那么，当权力可以驾驭人性的时候，一旦失控，就非常危险。恶会借助权力，无限制地扩大。孟德斯鸠认为权力是人性邪恶的催化剂，掌权者的人性摇摆幅度比普通人要大得多：“权力具有天然的膨胀性和向恶性，只要缺乏足够的约束、监督，任何权力都会生出腐败。一切有权力的人都容易滥用权力，这是万古不变的一条经验。有权力的人往往使用权力一直到遇有界限的地方才休止。”

人性摇摆给我们的警示就是，限制个人权力，从严约束那些掌握权力的个体和群体，避免权力与人性之恶结合。

比如，复杂论。

复杂论是一种被普遍接受的人性观点。千百年间，复杂论在东西方获得的认同最广泛。著名的人性论思想大师、法国作家帕斯卡这样定义：人性是处在自主性与可堕落性之间的吊诡的存在，人是万物的裁决者，同时又是一个顽劣的低能儿，一条污泥中的爬虫。按照帕斯卡的理论，可以判断任何人的人性中，善恶是共存的，就像人体中的有益细菌和病毒细菌共生共存一样。所以，我们无法设定谁是好人谁是坏人，就像医生无法设定谁的体内一定有病，谁又一定无病一样。

基于这样的认识，我们看到的人性个体，无不危险。

俄国作家陀思妥耶夫斯基，就是以文学演绎这种人性观的大师。他的《罪与罚》《白痴》《死屋手记》等伟大作品，向我们展示了人性黑暗与光明丛生、高大与猥亵共存、正义与邪恶并举、善良软弱与阴毒暴戾同行的浩茫世界。任何人，深入这个世界之后，几乎都会走向无奈或无耻。《罪与罚》的主人公穷大学生拉斯柯尔尼科夫，是一个典型的人性复杂的灵魂。他出身贫寒，是那样自卑和拘谨，同时他爱上无政府主义，又是那样高傲和自由；他是那样狂傲，认为自己是个超人，可以为所欲为，同时又是那样懦弱，连走路都不敢走在洒满阳光的大街上；他是那样善良，在苦无生计、走投无路的困窘中挣扎，不愿意示弱于母亲、姐姐和爱上他的仁慈的穷姑娘，宁可去为几个卢布，杀死放高利贷的老太婆阿廖娜和她的无辜妹妹丽扎韦塔，制造了一起震惊全俄的凶杀案；他异常痛苦，同时又在心的破碎中榨取零散的欢愉，既忏悔得随时走进警局自首，又狡诈地东躲西藏，扮演无辜者。所有这一切，在一个二十来岁的少年身上，不可思议地发生着。你无法去认清他真实的面目，抑或他根本就没有真实的面目，他是随时随地更换不同面目的天使或魔鬼，转变得自然而又真诚，没有任何虚伪的表演。

这是一个背景复杂的时代。背景的复杂就意味着这个背景前，人性的处境艰难和这种艰难带来的人性之灾。陀思妥耶夫斯基身处的 19 世纪，被认为是个没落的世纪。“欧洲的没落”的到来是一场可怕的灭顶之灾，中世纪宗教建立起来的传统保守的人性温和，被杀气腾腾的革命冲动驱赶，激发出感性的狂潮，冲击出犯罪、堕落、偷盗和一切非理性罪恶的深渊。在这个深渊中昏头昏脑的人们，怀疑一切定论，荣辱、善恶、贵贱、王权、信仰，统统见鬼去。上帝住在心中，但上帝真正塑造出坚强、正大和澄澈的人性了吗？即便有，上帝把这种人性唤醒了吗？没有。所以，陀思妥耶夫斯基悲怆地说，上帝也是无奈和无耻的，上帝也要上十字架的。尼采一声“上帝死了”，宣告了理性时代的终结。“上帝死了”，人类把自己的灵魂最终从上帝的束缚中挣脱出来,人性获得了绝对的自由,但同时也陷入了虚无和混沌之中。

凡是变革的历史时期，人性会体现它的极度复杂，而且会快速遗失善良的成分，变本加厉地膨胀其阴暗的一面。直至人心的大面积崩塌和整个社会的颠覆、重组，人性才会进入新一轮的重建。二战，中国的军阀混战，中华人民共和国成立后的“文化大革命”时期，无不是人性复杂性与社会混乱性结合的产物。

既然人性复杂，而这种复杂会借势释放心灵的各种妖魔，使得“长夜难明赤县天，百年魔怪舞翩跹”，我们就要警惕。如亚里士多德在《政治学》中警告的那样：“把权力赋予人，等于引狼入室。因为欲望具有兽性，纵然最优秀者，一旦大权在握，总倾向于被欲望的激情所腐蚀。”从这个角度管理人性，就是不把公权力赋予任何一个道德低下的人，同时通过完善制度法规，把权力关进制度的笼子，使公权力在阳光下运用。

比如，中性论和本善论。

东周的思想家告子有言：“性犹湍水也，决诸东方则东流，决诸西方则西流。人性之无分于善不善也，犹水之无分于东西也。”他把人性比喻成流水，说流水并没有自己的方向，缺口在东便向东方流，缺口在西便向西方流。同理，人性无所谓善与不善，就像水无所谓向东流向西流一样，就是中性的。

告子的这个结论很奇怪，几乎不同于其他人关于人性的判断。中性是一种什么性质呢？无色无味无善无恶无方向，所以它不是复杂的，不是摇摆的，不是发展的，而是定态的，僵化不变的。水，东有缺口即东流，西有缺口即西流，一切决定于外在的缺口。这个阐释又赋予人性“被动性”，人性没有了“自主意识”，完全由外在的东西操纵。

也许，告子说对了一部分人性。现实中的确有一些群体性人性的被动和盲动，外在的操纵力量善，其则善，外在的操纵力量恶，其则恶。德意志日耳曼对犹太人的群体性蔑视和灭绝，离不开希特勒为首的纳粹集团的教唆与控制。我们不能说这个德意志民族当时表现出的集体人性疯狂，是所有邪恶的个体人性的集合——可能，他们中的相当一部分人，其人性的确是“中性的”。

但是，告子的理论只是昙花一现，并没有获得较高地位，尤其是在中华民族的文化体系里，没有席地。另一位思想家孟子当即提出异议：“水信无分于东西。无分于上下乎？人性之善也，犹水之就下也。人无有不善，水无有不下。今夫水，搏而跃之，可使过颡；激而行之，可使在山。是岂水之性哉？其势则然也。人之可使为不善，其性亦犹也。”孟子说，水的确无所谓向东流向西流，但是，也无所谓向上流向下流吗？人性向善，就像水往低处流一样。人性没有不善良的，水没有不向低处流的。当然，如果水受拍打而飞溅起来，能使它高过额头；压迫使它倒行，能使它流上山冈。这难道是水的本性吗？形势迫使它如此的。人之可以胁迫他做坏事，本性的改变也像这样。

同样以水流喻人性，得出了不同的结论。应该说，孟子的思维更开阔，对水性的了解更全面，因而观水及人，对人性的把握也更充分、更全面、更精确。人是有主观意识的，人心对外部事物能感受、会研判、有好恶，这就直接影响思想和行为。心向善就像水向下，是顺流的，自然的，本态的。没有外因的压迫，人性原则上都是善的。

孟子的学生公都子带着疑惑，对孟子说："告子说：'人性无所谓善良不善良。'又有人说：'人性可以使它善良，也可以使它不善良。所以周文王、周武王当朝，老百姓就善良；周幽王、周厉王当朝，老百姓就横暴。'也有人说：'有的人本性善良，有的人本性不善良。所以，虽然有尧这样善良的人做天子却有象这样不善良的臣民；虽然有瞽叟这样不善良的父亲却有舜这样善良的儿子；虽然有殷纣王这样不善良的侄儿，并且做了天子，却也有微子启、王子比干这样善良的长辈和贤臣。'如今老师说'人性本善'，那么他们都说错了吗？"

孟子进一步解释说："从天生的性情来说，都可以使之善良，这就是我说人性本善的意思。至于说有些人不善良，那不能归罪于天生的资质。同情心，人人都有；羞耻心，人人都有；恭敬心，人人都有；是非心，人人都有。同情心属于仁，羞耻心属于义，恭敬心属于礼，是非心属于智。这仁、义、礼、智都不是由外在的因素加给我的，而是我本身固有的，只不过平时没有去想它因而不觉得罢了。所以说：'探求就可以得到，放弃便会失去。'人与人之间有相差一倍、五倍甚至无数倍的，正是没有充分发挥他们的天生资质的缘故。《诗经》说：‘上天生育了人类，万事万物都有法则。’老百姓掌握了这些法则，就会崇尚美好的品德。孔子说：‘写这首诗的人真懂得道啊！有事物就一定有法则；老百姓掌握了这些法则，所以崇尚美好的品德。’”

“仁，人心也。”孟子的判断受到更多推崇，成为中国人对人性的基本共识。中国训规《三字经》，开篇就是“人之初，性本善”。几千年来，这种认识已经成为中国文化的一种核心思想。这种思想利导出中华民族信、和、朴、美、厚等品性。“性本善”文化也培育出我们的自信、自省和自律精神。

“性本善”让中华民族更自信。众多的民族，在不断斗争、磨合和交融的过程中，天下归顺，大国一统，建立一个种族丰富、疆域辽阔、包罗万象的大中华，创造出人类世界里的大同奇迹。中华民族在相互交往中没有被蚕食、割裂、分化，而是不断融合成长壮大，例如在汉唐之际就以包容的胸怀、恢宏的气势与周边民族交流互鉴，造就了汉唐盛世，扩大了中华文明的影响力。明朝时期，郑和七下西洋的壮举也展示了中华民族面向世界的恢宏气度。这几十年，改革开放，与世界接轨，几十年时间就把国家建设成为受世人瞩目的经济实体和文化巨舰，做成了好多国家几个世纪才能做成的伟业。中华民族为什么敢于、又为什么能够以如此开阔的胸襟面向世界？因为我们“心向善、性相和”，人类社会心心相印，我们坚信任何种族都是向往和亲近“善”的，有“善”的文化体一旦相遇，自然一拍即合；没有“善”的文化走不远，长不了，逆人性之本必然难逃消亡或被消灭的厄运，我们对此可以不战而屈人之兵。我们以“和为贵”的良好初衷，达到“协和万邦”宏大境界，某种程度上可以骄傲地说，一心千钧，一善制胜。得道多助，则天下顺之，我们动用的不是兵，而是心，是善良大度的民族之心，是我们的人性之初、文化之本。在如此辉煌的历史进程中，中华民族何以不自信呢！

“性本善”让中华民族更自省。子曰：“吾日三省吾身：为人谋而不忠乎？与朋友交而不信乎？传不习乎？”反省、反思也从来都是一个民族最宝贵的精神境界之一。孔子主张“内自省”，孟子则提出“反求诸己”的思想，都是要求经常反省自己的言行，辨察自我意识和言行中的善恶是非，严以责己。以自省来修身，一直是中国古代儒学家们所倡导的重要的修养之道。改过，同样是道德修养中经常遇到的问题。孔子曾多次说过改过是“善”的一种体现，有过不改才是真正的“过”。人非圣贤，孰能无过？过而能改，善莫大焉。善于思过，乐于补过，知过必改，是中华民族在历史上形成的一种重要精神和美德。

战国时期，赵国的蔺相如因为“完璧归赵”有功而被封为上卿，位在战功累累的大将廉颇之上。廉颇很不服气，扬言要当面羞辱蔺相如。蔺相如得知后，尽量回避、退让，不与廉颇发生冲突。蔺相如的门客以为他畏惧廉颇，然而蔺相如说：“秦国不敢侵略我们赵国，是因为有我和廉将军。我对廉将军容忍、退让，是把国家的危难放在前面，把个人的私仇放在后面！”这话传到廉颇耳中，廉颇惭愧不已，不顾个人任何面子，“负荆请罪”。这是一个典型的“性善”而“反省”的历史典故。面对廉颇的狭小气量和不善挑衅，蔺相如善良大度，为廉颇和社稷着想，表现出理解和宽容。这就促使廉颇深刻反省，并唤醒自我的良知，一幕负荆请罪，成就千古佳话。该故事对人们从善如流，严于责己，自觉反省自己，及时改正过错，一直有很大教益。

“性本善”是一根很高的人性标杆，是一面很亮的自我对照的明镜，是一声很响的拷问。做人能经常丈量这根标杆，对照这面明镜，听取这声提问，就没有察觉不了的差距，就没有发现不了的丑陋，就没有不入耳、不上心的醒训。世世代代，中华民族在自省中不断纠错，不断前进。就这样，亿万人民也在民族精神优化的进程中，同步认识到自省在自我世界里的妙用，养成自省的习性，成就自省的精神。

“性本善”让中华民族更自律。“不以物喜，不以己悲，先天下之忧而忧，后天下之乐而乐”，个人的悲欢，是应该摆脱物质控制和置于天下人之后的。从政，就为人民而忧虑；退居，也要心怀国事。进退，是个人的事；宠辱，是一时的事。要以忧为主，以乐为次；以忧为先，以乐为后。《岳阳楼记》是抒写中国士大夫精神的名篇，虽然说的是从政者的一种以天下为公、以人民为重的境界，却阐述了中国传统精神里的自律人格。崇高境界不光是主观追求的一种客观结果，更是一种主观克制自我、节制欲望的结果。而具备这种主观能力的前提，就是人性之善。性不善，何以体恤众生，“后天下之乐而乐”！性不善，又如何能有大公无私的以天下为己任的家国情怀！善，就是自律的力量，就是严以律己、宽以待人的人性动力。

自信自省自律，以善为核心的中国传统文化，在历史上培育了无数的精英俊杰，这些俊杰，是各个时代的榜样，是同时代和后人的启明星。唯其如此，才在东方孕育出了一个伟大的民族。所以，从另外一个视角观察，我们也可以说，“性本善”文化使民族横翔捷出，涌现大批优秀的精英，这些精英又影响着芸芸众生，带领整个民族走出混沌，更快、更理性地走向文明。

当然，人之初固然性本善，但人之少壮、人之老成是在社会中完成的，是在群体性中发展的，能否持之以恒守得住初善，当然是不确定的。污染人性或进一步优化人性的源头，都在他人和社会。人一旦深度进入社会，一些社会性的欲望，会干扰人的内心成长，影响人性变化。不能割裂人性与社会性，个体的人性与群体的共性。成就人性之自始至终的真善美，不是自然天成，坐等可享。人性本身是不稳固的，其变化发展也并非无条件的。人性再波动，都有破坏性、抗争性和服从性、光辉性。人性自觉，是思想和行为的社会化自觉自律，是意识到“个人欲望”与“社会规则”冲突后的自觉有度。那么，能不能有效把握这种尺度，理性而正确地选择实施的手段，取决于一个人的内在人性与外在社会性的合力，是相互作用的结果。我们需要自我把控。但个体的自我把控，必须与社会、国家、民族的把控，形成互动互化，一个社会的管理方式，也就是体制、制度，要有利于个体精神的发育和完善。

正如前文列举的，世界各个国家，各个文化区域，有不同的人性论，说到底是各民族对人性的不同的文化认知。这种认知也构成了该文化区域里的国家，制度的设计相应千差万别。不过，有一点是肯定的，世界上没有十全十美的制度，任何国家的制度都是基于其客观的、稳定的民族文化，基于这种文化对其人性的认定。更重要的是，无一例外，绝大多数相对长久稳定的制度的建立，都是为了释放人性的美好，限制、打击人性的阴暗。体制也就是人性管理手段。有些侧重于依赖宗教精神，有些侧重于依赖法制，有些则侧重于人与人的相互牵制。我们的体制，其实也是吸取百家之长的，我们向来有一种中庸的智慧，希望博采众长，多措并举。所以我们采取法纪并举，用纪律塑造人性的光明和约束人性的阴暗；用法律惩罚人性放纵的罪恶结果。以此达到对精英阶层的无缝监管，使社会榜样名副其实，切实率先垂范，保持初心，保持“人之初，性本善”的民族文化定性。

由于摧残初心，改变人性本善的私欲私望，往往其源头来自社会，来自他人，尤其是来自丑恶的榜样。俗话说，近朱者赤，近墨者黑。讲的也是这个道理。所以作为社会榜样的共产党员，独善其身，保持本色，弘扬本善，率先垂范，就显得特别重要。这也是对党员干部，尤其是给领导干部、社会各界成功人士，必须有更多约束的理由。这一点，即使在不同的文化背景、不同的民族里，也是有共识的。培根在《论高位》一文中说：身居高位的人理所当然是三重奴仆，即君王或国家的奴仆，公众舆论的奴仆，职权职责的奴仆。身份以至于他们在人身、行动和时间上均无自由。培根的观点，是对成功人士施加严苛的限制，以防止他们骄傲——凌驾于国家和君主之上；出言不逊，误导大众；滥用权力，失去敬畏，渎职误公。总之，是对言行不善、权欲恶化的一种严格防范。现在美国等西方国家，公众人物的隐私权甚至不如普通老百姓，为什么？因为你是总统、议员，你是明星大咖，你是企业家，你的品格，在某种程度上，必须高于大众，这是你管理和影响这个社会的资质，所以，必须从严要求，把你限制在这个高度上。

榜样的台阶是高耸的，榜样的力量是无穷的，榜样的责任是重大的。由此，不难理解我们的制度，在国家公职人员——大众眼里欣赏、心里认可的榜样们的乌纱上，套上双重金箍：党纪 + 国法，是多么必要和合理合情。制度的自信，从人性认识，从民族性发育上，得到了充分的确认和表达。

Xue Zhi Pian

学之篇

启程：永久的心路

祖先留给华夏子孙的遗产，不是金山银山，而是愚公移山。金山银山，总有用完的一天；愚公移山，从来没有从我们的文化中消失，而是成为世世相传、代代共勉的经典。所以，我们打着小算盘，去盘点祖产，还不如翻开经典，多读几句祖训。

启蒙墙

在我们这一代人童年成长的环境里，最重要的教化，就是明辨是非，识别好人坏人。一个孩子被大人抱在怀里时就被反复启蒙这方面的智慧。我小时候，家里有三间瓦房，中堂两侧的隔墙上张贴了许多的东西用来美化环境。这些墙壁，其实就相当于一个家庭的海报宣传墙，也是一个家庭里，孩子成长所需的最亲切的文化教材。尤其是每年春节来临的时候，墙上都会增加一些新的内容。这个时候，大人就会抱着孩子，领读这些新内容。还会就着这些新老内容，考一考孩子的认知能力，究竟已经发育到哪一步了。

墙上的内容越来越丰富，我们就这样一天天、一年年长大。

我通过家里的墙壁识字阅人，可以追溯到 20 世纪 70 年代中前期，两三岁开始的。最先认识的字，是“光荣人家”四个字。我的小叔叔 18 岁参军——那年那月，一个为国家培养了军人的家庭是光荣的——从此每年的除夕，县政府都会派人，敲锣打鼓送来一副“光荣人家”的门联。这副门联会被张贴在家里最显眼的位置，它为我们这个大家庭带来荣誉和自信，也为成长的一代灌输了一种国家意识，这就是，一个人如果在为保家卫国服务，不但他自己了不起，他的家庭也充满了荣誉感和成就感。个人、家庭、国家，三者是紧密相连、荣辱与共的。

我想，敲锣打鼓送达的一副门联，其实就是一个最朴素的弘扬优良家风、最有效的爱国主义教育的载体。两年前，我曾在一张地方日报上读到一位老兵的文章，记述自己的军人理想和家国情怀是如何形成的。这位名为江辉生的老兵写道：

光阴似箭，日月如梭。经过二十几年的军旅生涯，我逐渐理解了“光荣人家”的深刻含意，正如一首歌中所唱：“当兵为什么光荣？光荣因为责任重。”那年我参军入伍，离家前的那个夜晚，父母与我聊了很多。母亲说：“你当了兵，咱家就是光荣家庭。这是荣誉，也是担当。光荣人家该做什么，不该做什么，你都要谨记在心。你当兵在外，我也不指望你光宗耀祖，只要能精忠报国，别给门前这块光荣牌抹黑就够了。”母亲的这番话，我牢牢地记在心里头，一直成为我做事的准则、做人的方向，直到现在，仍然是我不断汲取前进动力的源泉。这些年，“光荣人家”所带来的荣誉和家庭处世的传统原则融合在一起，潜移默化，代代相传，并逐渐形成了我们家的优良家风。也正是在这浓郁的家风熏陶下，这些年，我们家的亲戚中先后有12人从戎卫国。我相信，“光荣人家”的荣誉已经融入我们家的家风，随着时代的发展，也为家风赋予了新的内涵。时光如流，流走了青春，流淡了记忆，许多事情随着时光的流逝而逐渐忘却，唯有挂在老家大门上的“光荣人家”的牌子还清晰地印在脑海里，历时愈久，记忆愈深。

这位老兵的文章让我非常感动，也感慨万千。一张小小牌匾，塑造出了一个优秀的家族，精神的力量，多么恒久，多么无穷，多么具有穿透性。我们试想，如果当年“光荣人家”的设计者送到军属家里的不是这样一个没有价格、只有价值的纸联或木牌，而是用现在很多人的思维方式，给军人家庭每年送两桶油、几斤肉、几百块钱的红包，我们今天还会为这既往而激动吗？还会觉得这是一份可以向一代代人传达的荣誉吗？更多的，恐怕会是嫌政府小气，嫌柴米油盐太廉价，嫌红包太薄了。如此，我们新中国，也许少了很多精忠报国的大家庭，多了很多斤斤计较的小人家。

除了“光荣人家”的门联，每年新年，我的父亲还会买几套新的连环年画张贴在墙上。除夕贴好这些连环画，春节一大早就会抱着我，一张一张指着给我讲解，红色娘子军是什么样的兵，少剑波是一个什么样的将，江水英是一个什么样的好干部，方海珍是一个什么样的好党员，焦裕禄是一个什么样的好书记，王进喜是一个什么样的好工人；小日本为什么要欺凌大中国，刁德一为什么当走狗，红灯为什么特别亮，座山雕为什么特别横，钱守维为什么要在港口国际货运中搞破坏，黄国忠为什么要提前烧掉筑坝用的柴草……在这些连环画中，我学会了辨别“好人”和“坏人”，懂得了好坏的标准界限，就是大公无私、帮助他人、热爱集体与自私自利、冷漠无情、破坏集体的差别。现在想想，这些标准虽然不够深刻，也不无时代局限性的痕迹，但不管在哪个时代，都是最基本的，也是正确而不可争议的。我们表述好坏标准的用词，普遍是“真善美”和“假恶丑”，是完全可以与此对应的。只不过，那个时代的表述更具体一些，所用的词语更具有时代特征，其内涵都是万变不离其宗的啊。再好看的皮囊，里面裹着一颗自私的心，都是丑的；再伪善的面容和溢美之词，都无法掩盖冷漠者的假和恶；小我第一，崇尚个人主义，没有集体意识、没有爱国之心的人，永远是灵魂卑琐的小人。这些，放到任何时代任何地方，都不会过时，不会落伍。

有一年，父亲不再先给我讲解，而是指着新贴的连环画《草原英雄小姐妹》问我，为什么龙梅和玉荣这两个小姐姐非常光荣，非常了不起？

《草原英雄小姐妹》讲的是内蒙古两个10岁左右的小姐妹，给生产队放羊时遭遇暴风雪，为不使生产队遭受损失，两人始终追赶羊群，从白天到黑夜，坚守了20多个小时，直至晕倒在雪地里的故事。因为严重冻伤，二人都做了不同程度的截肢手术。对于父亲的问题，我好像回答的是，她们不是为自己，而是为公家吃苦，所以很了不起。那年我四五岁吧。这个答案让父亲当场兴高采烈，使劲亲我脏兮兮的小脸蛋，笑呵呵地用胡子扎我。他还到处夸耀我，说我人小心明亮，不是一般的聪明，不是一般的懂事，是棵好苗子。大概也是因了这，他决定把我带在身边亲自教育、培养，以防在老家“自由放养”会耽误了他的“革命苗子”茁壮成长——父亲是一个正统的党员干部，学的是师范教育，在学校里担任校团委副书记，后来响应国家号召，从师范学校主动下放到农村基层工作，在人民公社的一个单位里当负责人。

我也没有辜负父亲，没有辜负家里的那两面光荣墙。不久，我上学了，墙上每年又多了新的内容，就是我的各种奖状：优秀成绩的奖状，优秀少先队员的奖状，各种学科竞赛的奖状，各种好人好事的奖状。

这里，我还要再说一下关于这个影响了我们几代人成长的一个花絮。

几年前，我读到一篇报道，说多年来，草原英雄姐妹俩一直是各媒体关注的焦点，她们热情地接待每一位来访者，每位来访者都能感受到一个普通蒙古族妇女的赤诚和宽厚。曾有一位记者在呼和浩特采访玉荣时谈到《陪读夫人》里的一段故事：身居美国的母亲为了让儿子学汉语，讲起了“草原英雄小姐妹”的事迹，当儿子听到小姐妹为保护公社的羊被冻成重伤时，他突然发问：“妈妈，她们这样做，公社会付给她们很多钱的，是吗？”“我们老师说，没有一样工作不该没有报酬呀。”母亲沉思了很久，语重心长地告诉儿子：“最好的奖励是，全国一代代小朋友都学习小姐妹的事迹，受到一种高尚精神的感染，为了国家的利益，个人牺牲一下是值得的。这种能塑造人心、提升民族品格的意义，能用区区几个钱买得到吗？”儿子最后明白了：“世界上还有一种工作是不能计算报酬的。”听完记者的讲述，玉荣说：“我记得当时一只羊的价钱是两块钱，384 只羊死了 3 只，等于损失了 6 块钱。可是为了这 6 块钱，我落下了终身残疾。”玉荣笑了笑说，“精神不能用金钱衡量。”

我补充这个花絮，更多的不是为了表达自己被小姐妹故事影响的意义，而是为了强调，那些影响了我们一代代人的精神，当时是被大力倡导而成为风尚的，但几十年过去了，它们未必过时，甚至可以说，已经成为人类精神文明的经典。而且，这样的经典榜样，在一个金钱主义汹涌的时代，更加必要，更加亟需。这些精神和榜样，融汇到我们中华民族的诸多优秀传统精神品格中，成为我们不断优化的基因，净化和壮大着我们的民族血脉。

大杠上

小时候，我有一片广阔的天地。这片天地，就在父亲的坐骑上，每天迎风招霞，披星戴月，奔波在乡镇土路上的永久牌自行车的大杠上。

父亲那一代人，都有一辆心爱的自行车。永久、飞鸽、凤凰、长征，伴着他们越过千山万水，战胜坎坷泥泞，写就沧桑而厚重的人生。

在网上搜索“自行车的故事”，有200多万条信息。随便挑几条点开，一半以上都是关于回忆。对自行车本身的回忆，主题里有几代人的奋斗与温情。而我的回忆，我的关于自行车的故事，不是自行车本身，而是具体到自行车上面的承载，具体到自行车大杠上面的发生。

我从四五岁那次回答关于草原英雄小姐妹的问题，受到父亲的肯定之后，就被父亲带在身边，坐上了他那辆“永久”的大杠。我不断成长，入学，个子越来越高，才从老“永久”缠满布条的大杠上下来，坐到车子的后座；再成长，学习，进入青春时代，一直到初中三年级，自己能骑车了，才真正从他的“永久”离开，开始了独立行走于人生道路。

在“永久”的路上，父亲总是喋喋不休地讲文章，说故事，解疑惑，明事理。在“永久”的大杠上，我对国家对民族，对世界对人类，逐渐有了认知。对文学有了热爱，对人生有了期望，对生活有了感恩。从社会到自我，我的世界从点到面再到立体，再也不是那么懵懂那么单薄。

父亲的学生时代很辉煌，我每到一个年龄段，他都要提前讲他与我同龄时的故事。他讲自己在学生时代为什么当上师范学校的团委副书记，第一，不是因为自己学习成绩有多好——父亲的功课成绩在学校只能算是名列中游；第二，不是因为自己有多能说会写——父亲的文采不错，但性格腼腆，不善辞令；第三，更不可能是因为自己跟老师和校长、书记关系有多好——父亲从小内向，不善交际。那个年代，连“公关”这个词都没有，搞关系上位绝对荒唐，几乎不可能存在。父亲是一个热心肠的善良青年，本分守纪，乐于助人，别人有难，他总是能在第一时间冲在前面；自己有难，却尽量自己解决，缄默不宣。他这样的品格，赢得老师和同学的推崇。他自己从未想过能当校团委副书记，就连班团支部委员这样的职务都没敢奢望过。当团委副书记，是一份意外的收获，但他后来悟到了，很多意外里隐藏着自然。凡事需要别人认可和肯定，自己首先必须把它做好。把人做好，把事情做好，应该是一个人起码的自我要求。达到这个要求了，才能有资格去获得别人的认可和给予。

父亲讲他在工作的小单位是如何获得同事的信任，胜任单位党支部负责人的。父亲的单位是管乡镇区域的交通和运输工作的，他一年365天几乎天天到码头上去，跟工人们一起干活，好几次中暑晕倒。

单位有几支运输拖轮队，他每年都会亲自跟着运输拖轮出几趟差，天南海北，一出去就是几十天。我小时候跟着父亲住单位宿舍，父亲一出差就把我一个人扔下，我非常孤独，一听到汽笛声就往单位后面的运河边跑，趴在桥栏上看是不是父亲单位的船队回来了。父亲从来不收别人一分钱好处。有一年单位里几位搬运工因私事跟别人打官司，这些事与组织无关，但父亲打抱不平，还是主动帮助这些工人，亲自为他们起草申诉材料，最后帮他们赢得了官司。工人们很感激，小年夜提了几斤肉结伴来给父亲拜年，表达谢意。父亲笑哈哈收下了，然后让他们全留下来吃了一顿丰盛的小年夜饭,吃掉了他们带过来的肉，还“倒贴”了两条鲢鱼、好多菜和两瓶烧酒。

父亲在他的单位人缘极好,大家真正尊重他,爱护他,也很敬畏他。父亲讲道,他也并非纯粹做好人才得到这些的。单位里也有人很怕他，甚至恨他。有一名拖轮队队长是县里一位领导干部的亲戚，据说为人很张狂，每次船队经过内河，有鱼跳，他就命令停船捞鱼，捞到鱼就让船员们炖了给他改善伙食。有船员提意见，说这些鱼不可以捞，这是侵犯别人财产的行为。他勃然大怒，就变着法子整这位船员。当时，没有人敢惹这个队长。父亲听说后就跟这支拖轮队跑了一趟运输任务到盐城。有一天早上，船进了一条内河，哗啦一声一条大白鲢被螺旋桨搅昏了头，蹦跳出水，落到了甲板上。那个队长来劲了，立即命令停船捞鱼。父亲赶忙上去制止，队长不听，说：“别傻了领导，不捞白不捞，一捞就走人，我们一直这样干，谁管得了我们！”父亲一听，证实了传闻，上去就是一个大耳光。那队长猝不及防，被打栽在河里，像落汤鸡一样爬上船。结束任务回到单位，父亲立即开会，把这位队长降了一级。有人替父亲担心，得罪县领导的亲戚，弄不好这小单位负责人都当不成，可父亲坚持原则。据说此事传到那位县领导耳里，县领导不但没有整父亲，还找父亲谈话，当面表扬父亲，并感谢父亲对自己不争气的亲戚的教育帮助。那时候的风气，那时候干部的心胸和格局，的确令我们今天的干部们刮目相看。

父亲常说，你要当干部，就要习惯在精力上、在利益上，比别人多付出一些，而不是多得到一些。搞反了会出事，搞反了也就不是共产党的干部了。父亲会就着这个话题讲党史。他说，共产党当年是非执政党，创立和成长的年代，相当艰难，白手起家，要待遇，没有；要危险，随时随地出现。建党初期白色恐怖年代，有一年牺牲了近 30 万人，可大家还是提着脑袋加入进来，继续干革命。这么强大的原动力，绝非来自解决一点个人的柴米油盐之眼前利益，绝对不是利益取舍的那点小境界，而是大情大义大信念，是为了推翻帝国主义、封建主义、官僚资本主义三座大山，实现民族独立、人民解放、国家统一富强的伟大理想。起点很高，着眼点很大，不是为了个人利益，所以才得到拥护，才能在逆境中壮大。你看，一言一行，三大纪律八项注意；走村到户，缸满院净；真正平均地权，为最弱势的贫困大众减租减息，牵挂千家万户的疾苦，所以获得老百姓的坚决支持。革命时期，老百姓才义无反顾地把“最后一块布、最后一缸米、最后一个儿子”交到党的手中。

父亲还讲了一个故事，说共产党对老百姓爱护，对自己的干部和士兵，要求却格外严厉。国民党的高级将军张灵甫，有好几个姨太太，有一次与其中的一个吵架，一怒之下，拔枪就击毙了这个姨太太。这事报告到国民党委员长蒋介石那里，蒋介石勃然大怒，大骂张灵甫夺亲人性命，心狠手辣，可恶无耻。但骂过之后，张灵甫并未受到应有的严厉惩罚，而是以暂时停职搪塞一番，不久又官复原职，一条人命的案子就这样不了了之。而同时期，在延安的共产党内部也发生了一个类似的案件。红军战斗英雄、杀敌无数的团长黄克功，因感情纠纷、逼婚未遂，一冲动，在延河畔枪杀了陕北公学女学员刘茜。事件发生后，中共中央高度重视，在毛泽东的主持下召开会议，经过慎重讨论，决定将黄克功处以死刑。1937 年 10 月 12 日经陕甘宁边区高等法院判决死刑立即执行。这件事被称为“黄克功事件”。考虑到这个团长是战斗英雄，处理时有人建议开除出党，开除出军队，留一条小命。方案报给毛主席时，毛主席说，要听我的意见，就是八个字，人人平等，杀人偿命。所以这位战斗英雄被就地正法。犯同样性质的罪，得到的惩罚却有天壤之别。这表明两个政党执法严厉的程度不一样，其实更反映出立场是完全不同的。你代表利益集团，还是代表人民大众，一件事，一目了然。

在父亲的自行车上，我听到太多这样的故事。它们唤起我对干部的认识和感情，是单纯的、向上的、美好的、无可争议的。每次爬上父亲的自行车大杠，我都怀着快乐的期盼。春风吹在脸上，享受不完的惬意；冬日照在背上，分享不完的温暖。夏天的明艳，连接着秋天的金色丰硕。日出而出，迎来喜悦；日暮而归，满目星光。

在路上给我留下印象最深刻的一次，是我和父亲一起听到一个广播故事。记得那一年夏天频降暴雨，县里已经有两个乡镇被台风席卷，灾情十分严重。一天傍晚，外面刮着大风，乌云压境，父亲载着我奋力骑行，想赶在暴雨到来之前赶到家。这时路过一个高音喇叭，县广播站正在播一篇抗险救灾的通讯，女播音员声情并茂地讲述着，一个叫戴庄的地方，遭受风暴的时候，广大干群如何同心协力，相互帮助，保卫集体财产和群众的生命安全的。其中一位村干部，几天几夜没有休息，从倒塌的房屋中抢救受伤的乡亲，扒出了一个又一个伤员，背出了一个又一个伤员。他感到脚底钻心疼痛，每走一步都如刀割钉锥。但他全然顾不了自己，一直到抢险工作结束，又疼又累，昏迷过去。别人把他背到大队医务室，才发现他的右脚板血肉模糊。“赤脚医生”为他清洗后发现，一颗一寸多的铁钉穿破了鞋底，赫然扎在脚底，并从脚背露了出来。医生和在场的群众无不流下了心疼和感动的热泪。

我和父亲把车靠在路边的树上，在高音喇叭下一字一句听完了这篇通讯播报，以至忘记了时间，忘记了恶劣的天气，忘记了倾盆而下的暴雨，把我们浇得全身湿透。

我上学识字之后，开始经常翻一翻父亲挂在自行车龙头上的人造革提包，那里面总能翻出一些惊喜：工作笔记本、连环画、小说、手工装订的材料等等。不管是什么，只要有文字，我就如饥似渴地阅读起来。我十来岁就开始阅读长篇小说名著，都是从父亲挂在自行车上的提包里翻到的，《青春之歌》《林海雪原》《平原游击队》《茶花女》《西游记》《堂吉诃德》……父亲的包是无尽的宝藏，我每次坐上他的车，就要先翻一翻车上的包。20 世纪 70 年代末的一天，我翻到了一本手工刻写、油印的书，书名叫《县委书记的事迹》，里面收录了从《人民日报》《湖南日报》《新华日报》等报纸上摘抄的全国各地十几个县委书记的故事。其中有《湖南日报》记者所写的三位县委书记的故事，都是记者在现场随机遇到的真人真事，并未事先安排。这三位书记分别是“晒得最黑的陈书记”“穿得最土的刘书记”与“跑得最快的曾书记”，分别记述了湖南浏阳、邵东、汝城的三位县委书记艰苦创业，与人民群众打成一片的故事。

比如，记者与“最黑书记”陈再仁相遇，完全是一个偶然的机会，在收割晚稻的田间碰上的。陈再仁正拿着镰刀站在稻田里和一位老农交谈。记者见这位书记很黑，就上去冒失地问：“你为什么晒得这么黑？”陈再仁说，自己的脸比较宽，容易显胖，而老百姓最不喜欢肥头大耳的县委书记，尤其是我们浏阳县，是个革命老区，我们教育群众的最好方法，是进行艰苦奋斗的革命传统教育，为了让自己减少与群众的差别，于是坚持参加劳动，使自己晒得黑一点，瘦一点，能更好地接近群众，为群众办事。

那一年，记者去邵东县采访“农业学大寨”活动。走进这个县就听到巨大的爆破声，闻到浓浓的火药味，到处写着“横下一条心，舍得一条命，石山不炸平，坚决不收兵！”等标语横幅。记者准备先找县委书记刘中心了解情况，然后下去拍照，不料刘书记不在，县委办公室的同志接待了记者。他们开玩笑地说：“记者要找我们的书记，可不容易，我们的书记叫刘中心，他基本上不坐办公室，哪里搞中心工作，哪里最繁忙，他就在哪里现场办公。县委有台旧吉普车他不坐，说下农村还是单车好，车子留着接待客人。”经打听，才知道他在火厂坪公社龙兴大队指挥改造乱石山。记者赶到了火厂坪公社，可公社办公室的负责人说：“书记来来去去从不打招呼，都是直接上工地，你们去工地找他吧！”后来，好不容易在去乱石山的田野里碰上了他。他留着很长的头发和胡子，穿着一身破旧衣服，肩上挂着一个黄色旧挎包，衣服和鞋子上还有很多黄泥浆，看得出他刚从工地下来。在记者的镜头中，这位县委书记打扮得比当地干部和老百姓还土气。

还有一次，记者去汝城县龙虎洞水库配套工程的工地上采访，看到一个很热烈的劳动场面，一队队担土民工朝前方跑来，听说他们在搞劳动竞赛，看谁担得重，跑得快，通过跳板不跌倒，就是优胜者。当记者打听跑在最前面的民工叫什么名字时，大家都咯咯地笑了起来，说："那就是我们的县委书记，怎么样，帅不帅？"记者连声说："帅极了！帅极了！有县委书记带头，难怪工地这么活跃。"

这本油印的书中最让我难忘的，还是我们当地的一位县委书记袁广文的事迹。文章说，20世纪80年代初，江苏海安县委书记袁广文，很少在办公室办公，县里为他配的汽车，他几乎从来不用。每天上班，他都蹬着自行车，奔走在四乡八里，走到哪里工作到哪里，在老乡家搭个伙，按标准交伙食费。有一次，村里的同志看到他面黄肌瘦，担心他营养不良，做饭时在他的面条里偷偷加了两个鸡蛋。袁广文吃到鸡蛋，责问为什么擅自提高伙食标准，饭后坚决地把这两个鸡蛋钱加上伙食费交给了老乡。

还有一件有趣的事，有一年发大水，袁广文下乡指导抗洪救灾。他独自骑着自行车，到了乡口，发现一条路被冲垮了，洪水泛滥，横在面前。袁广文只好脱掉鞋子，扛起车子，涉水过去。刚到对面，有位穿着一身新衣服、皮鞋擦得铮亮的老乡在后面喊他，说自己去邻乡为孩子相亲，所以才穿了这一身新衣服，不能弄脏弄湿了，能否请老乡帮忙把自己背过去。袁广文当即答应，便立即过去背他过水。背完人再帮他扛自行车。正在这时，当地的干部正好过来迎接他们的县委书记，居然看到书记在背老乡涉水，很生气，就训斥老乡："你胆子不小啊，你知道你在让谁背你啊，县委袁书记！"那老乡吓得赶紧鞠躬认错。袁书记却连忙制止，笑呵呵地问老乡一个问题："如果今天是我出去相亲，遇到这种情况，老乡你是否帮我，背我过去？"老乡说："当然当然，谁没有个难的时候，互相帮助啊。"袁书记于是现场说法，批评乡村里的干部官僚主义，要求他们不要另眼看乡亲，不要把干部当成"官"，大家都是平等的。你要是居高临下，觉得自己比老百姓尊贵，你怎么能心甘情愿、不假思索地为人民服务？

袁书记的事迹当时在我的家乡流传甚广。基层干部们都是拿他做榜样。我记得父亲经常在单位宣讲袁广文的精神。陈再仁、刘中心、曾书记、袁广文这样的领导干部，在那个年代，并不鲜见。他们实实在在，就劳动在一线，生活在百姓中间。这么多年过去了，人们记住的、缅怀的，依然是那一代干部。从焦裕禄到廖俊波，到了今天，这样的干部，或多或少也还都有。正是他们，让老百姓保留着对党和政府的信任，他们是干群不断的感情基础。

毛主席曾经生动地将共产党人比作种子，将人民比作土地："我们共产党人好比种子，人民好比土地。我们到了一个地方，就要同那里的人民结合起来，在人民中间生根、开花。"我党的群众路线是："一切为了群众，一切依靠群众，从群众中来，到群众中去。"当年的县委书记深入基层，与群众同吃同住同劳动，起到了党员干部的先锋模范作用，成为社会主义革命与建设事业的带头人。20世纪60年代出现了县委书记的好榜样焦裕禄，一直到今天，焦裕禄同志的精神仍然在许多人心中深深扎根并发扬光大。

父亲那一代干部都是挽着袖子，卷起裤脚，穿着布鞋、胶鞋或者草鞋，甚至光脚，风里来雨里去地蹬着自行车，到生产一线，到工地现场，到大街小巷，到田间地头，到千家万户。他们一大早就出发了，往往深夜才回到家。他们的皮肤晒得黑黑的，老茧磨得亮亮的，多少天来不及刮胡子，衣服上全是灰尘。他们大声讲话，大碗喝粥，大口嚼着老咸菜，身上散发着老乡们都有的那种浓烈的烟味，浓郁的汗味，浓重的人情味。他们是大爷大伯，大哥叔叔，大婶阿姨，没有人觉得那些穿行在乡亲们中间，跟百姓勾肩搭背，谈笑风生，一个桌子吃饭，一个沟里跳水的人，是书记、主任，是县长、局长，是官。中国共产党创立的本愿没有偏废，那种踏实的作风、朴素的为人，是领导干部们的常态。这就是当时的党风，是普遍现象。

骑着自行车奔波，是他们那一代干部工作的方式。后来曾有段子说，第一代干部骑车工作，第二代干部坐车工作，第三代干部坐方桌工作，第四代干部坐圆桌工作。段子的描绘，何其犀利！虽说有些夸张，但部分如实反映了干部作风的惊人转变，干群关系的惊人转变。

我讲一个自己亲历亲闻的事。

有一年，经组织建议，我从省级机关处级秘书位置上转岗，去基层锻炼。组织上给我推荐的岗位是苏中某县级市的市委副书记，原则上挂职两年再回到省里。得到消息，我特别高兴，因为我们这一代人最崇拜县级甚至乡镇级的领导干部，我觉得可以直接为老百姓服务，也能直接获得老百姓的爱戴，自己的学业和抱负，正好可以直接转化到自己崇敬的事业和角色中。我的脑海中，马上浮现出焦裕禄、陈再仁、袁广文，浮现出父亲，他那一代干部的美好形象。

那期间，正好出差到一个县里。该县政府领导里有一位副县长，是我的老朋友，老朋友见面无所不谈。我把自己即将转岗的事跟他说了，希望听到他这个老朋友的祝福，更想听一听他这个老资格基层干部的指导。他没有表现出我期望的高兴，而是沉吟不语，好一会儿，才蹦出一句话：

“老朋友应该说真话，我不想祝贺你，我不建议你到县里来工作。”

说实话，我当时大吃一惊，怎么也没有想到他竟然说出这样泼冷水的话来。我问为什么。他说：“你不会适应，甚至无法胜任。”他说：“我考你两个问题，能及格，你就下来履职，不能过我这一关，你最好在省里另谋出路，现在的基层状况，复杂得很，已经完全不是你在老家的那个年代那般光景。”

“第一个问题，你的酒量有多大？能不能每天晚上至少赶三个场子，常年浸泡在酒精应酬中？”

我说：“我喝酒不能超过二两，而且没法连续喝酒，隔三岔五喝一点点，意思一下还行，常年喝身体肯定要废掉。”

他说：“老弟，这个不行，你不及格了。我们做县长、书记的，不喝酒不赶场子，怎么跟群众打成一片？怎么招商引资？怎么为地方建立人脉，争取资源？你这点酒量，会影响工作，还会把自己身体喝垮，总不能竖着下来，横着回去吧！这不是违背下基层锻炼的初衷吗？”

接着他出第二道题。他讲了一件发生在他身上的事。他说，有一年县里疏通河道，预防洪汛，工程需要抢在汛期到来之前完成。这项工作是他这位副县长负责的。他需要到工地去督察。一天下午，他就坐着他的专车去了。下了车，施工负责人早已把民工们集中在那里，等他训话。他走下车，站在高处开讲，同志们如何如何辛苦，要如何如何重视，抓紧时间，与洪水赛跑，为保卫家乡财产争分夺秒。正慷慨陈词，人群里突然有一个民工指着他大声吆喝：“县老爷啊县老爷，你别在那里唱高调了，最好的鼓动，是下来跟我们一起干，大话抵不上一筐泥。”副县长一看，呵，傻眼了，是自己的小学同学。全场一片哄笑，然后一齐盯着副县长，等着看好戏。请问，下面怎么处理这尴尬的局面？

在后来的多少年，我曾经把这个问题带到为各地省级单位所做的报告会上，考下面的干部听众，大多数人跟我当时给出的答案一样：硬着头皮，下来一起干一会儿，年纪轻轻，还怕被几筐土压倒吗？干给大家伙儿看看，咱们党的干部都是劳动者出身，本色还在呢！

副县长哈哈大笑，告诉我：“这个方法不行，耽误了自己的时间，跟他们一起干活儿，出洋相，他们会起哄，会故意把你的筐子里压得实实的，让你抬不起，让你当场压趴，你从此会成为全县的笑柄。什么劳动人民，你这是修正主义，已经没有实力跟劳动人民打成一片了！”

“哦，那我说，我编个理由，就说一把手找我开会呢，有急事，先走一步，下次再来跟大家伙儿一起劳动。”

副县长又哈哈笑了，说：“鞋底抹油肯定是结果，但你这样处理太生硬，这样做看起来很猥琐，灰溜溜的，哪里还有半点县领导的风度？一样会成为全县的笑柄。”副县长说：“我是怎么处理的呢？我不慌不忙，等他们哄笑完了，指着挑衅的小学同学，直呼他的小名骂道：‘你啊你，从小就调皮捣蛋，不好好读书，经常考鸭蛋成绩，被老师罚站，长大了还不改，不好好干活儿，在这里起哄。你以为你老同学我只会读书只会当干部不会干活儿？找个时间我跟你比试比试，你未必是我的对手，至少当年我饭量比你大，饭大力气大，是硬道理。今天没空跟你耍，刚才县长通知我回去开会，你以为天下就挖泥巴最难最苦？你来干我的工作试试，不信你马上替我开会去，替我向县长汇报工作去，你行吗？告诉你小子，一点差错，给处分得跟孙子似的，你那脾气受得了吗！”

“说到这儿，还是不能开溜。转身从车子里拿出两条烟，满面堆笑，走到小学同学跟前，把烟往他怀里一戳，说：‘老同学我知道你能吃苦，就是脾气大，看不惯干部在岸上不湿鞋，可不能光知道湿鞋的苦，不体谅不湿鞋的痛。既然是发小，我讲话就不客气了，你啊，不光要自己带头干好，还要帮我招呼好大家伙儿，谁让你是我老同学呢。这烟啊，送你，你辛苦了，大家辛苦了，烟跟大家分着抽吧，拜托了，过几天，再来看你们，保证下河跟你们比试比试。’”

说完，抬腿上车，屁股冒烟。工地上一片欢腾，老同学分烟呢。

说实话，副县长的考题，我们这些在机关的干部回答几乎都是不及格的。我们缺少基层经验，细想这种所谓的经验，其实是基于基层社会、基于基层干群之间的关系，越来越复杂化，而琢磨出来的应对伎俩，是一种狡诈的智慧。他让我们感到一种落伍，一种迂腐，一种落差，更感到一种说不出的悲凉。人与人之间，干部与群众之间，关系变得这么诡异，难以捉摸，情感的纽带已经不起太大作用，坦诚与信任，好像无助于工作的开展。如今是香蕉与大棒轮举，忽悠与逃避并用，不用心而用心机，不用大智慧而用小脑筋，我们这是怎么了？

副县长的话，使我面对那份新工作，望而却步。

岁月如梭，父亲他们那一代干部，那一代人，已经退出历史舞台好多年，他们美好的生命也在逐渐凋零。他们的精神永远活在我们心中。我们看看今天，普天之下，出现的情形有许多熟悉的，也有许多不熟悉的，有许多看得惯的，也有许多看不惯的……诸多景象纷呈，让我们恍如隔世，但父辈的精神并不会消失。这个，我一直坚信。

遗　产

现在年轻人普遍关心的是：父辈能给自己创造多好的物质条件？如果有一天，父母永远离开我们，我们能从他们那里继承多少财富？

中华民族生生不息，然而一直到我们这一代记事时起，在物质意义上一直都是比较贫乏的。但物质的贫乏，并未阻止中华民族的繁衍和壮大。我们是靠什么生存和发展的？当然，是靠精神，靠我们伟大的文化。

祖先留给华夏子孙的遗产，不是金山银山，而是愚公移山。

金山银山，总有用完的一天；愚公移山，从来没有从我们的文化中消失，而是成为世世相传、代代共勉的经典。所以，我们打着小算盘，去盘点祖产，还不如翻开经典，多读几句祖训。

被誉为“天下无二裴”的中国河东裴氏家族，兴旺了2000余年，英才辈出，名流如云。去研究这个家族长盛不衰的秘诀，发现再简单不过，这就是世世代代都十分重视德育教化。裴氏的家庭教育十分出色，南朝裴子野出生后母亲病逝，他的祖母殷氏“柔明有文义，以章句授之”，裴子野年轻时就成为南齐武陵王左常侍，后来又编成史学《宋略》。这和河东裴氏从小就接受良好教育不无关系，小小年纪，有此成就，神圣的母教发挥了重要作用。一直到今天，这个家族的故居裴柏村还保留了祖上特有的“挂旗”风俗，谁家的孩子出生，孩子的姥姥家要给孩子挂旗，将写有“济世栋梁”“自强不息”“建国英才”等话语的红绸布挂在大门楼中间，并将书写用的毛笔、砚台一并奉送，最后在大门两边栽种竹子，寓意孩子长大成人以后，成为有才有德之人，以激励后世子孙。从挂旗的内容，我们也可以看到，裴氏家族教化子女的，都是大情大义、克己奉公，而不是怎么守财囤财，怎么设法过比别人更好的物质生活。

名震中外、后人中大家如云的江浙钱氏家族，起源于1000多年前的五代，其始祖钱镠功可倾国，皇上给他发了“免死牌”，这是当时的最高荣誉了。可钱镠并不认为这份荣誉可以世世代代受用，去世之前，除了这块牌子，还留下了10条家训，核心内容是要后人积德聚才，信义为上，要以国家利益和人民利益为重，不可敛财囤富。如果富裕了，要提携宗族，并拿出钱来赈济乡邻，兴办义塾，教化一方后生。“修桥路以利人行，造河船以济众渡。”勤俭为本，忠厚传家，轻财忠义，福泽乡梓，1000多年来是钱氏家族保持的初心。所以，这个家族历朝历代经得起风雨、荣辱、浮沉，始终保持着令人敬重的优秀基因。一直到近现代，还出了钱玄同、钱穆、钱学森、钱三强、钱锺书、钱伟长等大科学家、文化大家，为人类文明发展做出了杰出的贡献。钱氏家族的遗产“钱氏家训”也成为全世界公认的宝贵文化财富。

德才兼备能长久，急功近利命脉弱。有一个词，用来形容“贝聿铭家族”，叫“百年望族”。为贝聿铭家族写传记的作家，一开始准备用“百年旺族”做标题，后来发现不如“百年望族”准确。为什么？因为“旺”是一种“势”，而“望”是一种“脉”，说到底，是一种文化，对一个家族来说，是一种优秀的家风家德。传“脉”不传“势”，才是贝聿铭家族百年兴盛的秘诀。

其实，我觉得每个人都可以做一件对自己、对子孙有意义的事，就是认真盘点和总结一下自己祖先的精神财富。自己终老的这一天，不仅仅是交给后人一本存折，更多的是让后人无法忘怀、永远受用的精神账本。精神账本是不保守的，即便你和你家族的祖先没有多少值得铭记的德行，你完全可以从一些优秀家族，从整个中华民族优秀的传统里，直接撷取。你的子女，也许太过年轻，一时未必能像接到一本存折那样高兴，但随着年龄的增长、阅历的加厚、世俗的磨砺，他总有一天会意识到精神账本的好处，并以此惠及他的下一代。

我的父亲，在他50多岁因病去世时，没有给我留下一分钱的存款，也没有一件所谓的传家宝收藏品。但是，在我走向人生的几十年里，我逐渐认识到自己是父亲遗产的最大受益者，我继承的财富，是难以用数字来衡量的。

比如，他一辈子只戴过一块手表，是南京手表厂生产的老钟山牌，戴的时间太长了，走走停停，但他没有舍得换掉，不是买不起一块表，是因为这块表是他得的奖品，据说是年轻时工作受表彰，政府奖给他的。他认为这是最贵的、最时髦的，没有什么东西比这样的荣誉更值钱。父亲戴着它，我们从小看着，心里就建立了一种荣誉观，一种精神价值观。赋予了高尚精神的物质，才是真正的奢侈品，才真正值得长久珍藏。这块表随父亲而去，但这块表给予我的影响，却一直在。

父亲的那辆老“永久”牌自行车，被我带到南京，骑着它度过了大学时光。这辆老“永久”，反映着父亲这一代的风貌、品格和爱，也承载着我无数美好的记忆，它记录了我的成长和成长路途中我汲取到的那些正能量。

父亲还有一个笔记本，至今还在我的书橱那个带锁的抽屉里。我的儿子小时候看到这个带锁的抽屉,总觉得很奇怪,想让我打开给他看，藏了什么秘密什么宝贝。我跟他说，那是你爷爷的遗产，确实是一个宝贝，用来传家的，等你长大一些，真正懂这个宝贝，我才会拿给你看。2017 年儿子考上大学，去学校报到前，我把这个抽屉打开，让他看这件宝贝。起初，他看到是一个破烂的本子，就笑了，认为他的父亲和爷爷很搞笑，可等他读完了本子里的内容，他很感动。

这是父亲当年下放前夕，同学们给他的留言簿。可算是一本 20 世纪 60 年代的毕业纪念册吧。这本册子里有三部分内容。

第一部分是同学留言，可以看出同学们对这位校团委副书记非常敬重，多少同学回忆父亲的无私，感恩父亲的帮助，敬佩父亲响应国家号召，毅然下放农村基层参与社会主义农村建设的气魄，多少同学祝福父亲好人好运，有一个美好的未来，多少同学歌颂与父亲结下的珍贵友谊，愿这种友谊纯洁和常青。我小时候，父亲偶尔会拿出这个本子，指着留言簿上的那些名字，告诉我这是谁，是一个怎样的人，为什么跟自己友谊深厚，为什么工作后进步特快，甚至为什么他能文采飞扬，字还很漂亮。这些，在我童年幼小的心灵园地，种下了友谊、上进与美的种子。他让我认识到，人与人之间的纯洁关系，是非常美好的，是值得铭记的，也是生活的一份温暖，事业的一份动力。他让我对学校，对社会，对集体，有了美好的向往，“外面的世界很精彩”，歌词是从齐秦的演唱里听来的，而建立这种情怀，却是从父亲他们的文字里开始的。

本子里的第二部分内容是一首长诗。这首署名“校宣传队集体创作”的诗，记述了父亲学生时代一件大事，把父亲歌颂成“共产主义好青年”“青年楷模”“时代标兵”。长诗写道：

漆黑的夜晚
传来一个紧急的消息
仿佛夜空的霹雳惊雷
一个同学
生病住院
抢救
失血
生命垂危
血，他需要生命之血
一个异常特殊的型号

我去，我去
不，我去，我去

同学们在病房外排起了长队
一个个青春的胳膊
伸向医生
抽我的吧，抽我的吧

这时，一个瘦小干练的身子
挤到了前排
“大夫，请抓紧时间
我，符合您需要的血型……”

父亲的血就这样流到同学的血管中，同学得救了。在我记忆中，父亲的身体差得似乎一刮风就能飘起来，怎么能当救人英雄呢？我小时候，父亲给我讲过这段往事，他说医生当时也很犹豫，不忍心从一个体重不到 90 斤的同学身上抽那么多血。但是符合血型的同学不多，其他两个是女生。时间耽误不得，父亲觉得自己是男子汉，又是学生干部，必须迎难而上，就冲上去献了血。当时根本没有考虑太多自己身体能否吃得消这类事。后来学校给父亲 20 个鸡蛋和 5 块钱的营养补贴，父亲就拿到班上，在一个周末搞了一个包饺子晚会，与同学们分享了。师生们很感动，于是有了学校文艺汇演时的诗朗诵。据说，汇演时，学校讲普通话最好的一对男女，声情并茂，催下了在场很多人的眼泪。当然，流泪最多的还是爷爷和奶奶，他们听到这个消息，为儿子的身体深深担忧，也为儿子的义举（也可以说是壮举）感到骄傲。

我觉得让我的儿子震撼的还不光是这两部分，更多的应该是第三部分内容。本子最后，本来有些空白页，就被父亲在后来几十年用来记录“秘密小账”。20世纪80年代改革开放落实下放知识分子的待遇相关政策后，父亲的工资涨了不少。我记得他经常感恩地说，我们这样的小干部，干的还是同样的活儿，工资从二十几块都涨到快60块了，真是惭愧，要加倍努力工作啊。

父亲逐渐还掉背负了多年的当年爷爷奶奶治病欠下的近2000元巨额债务。很多有困难的乡亲乡邻开始向父亲借钱。父亲尽量满足他们。后来借钱的人多了，有时影响到自家的生活了。我们都有些想不通，觉得父亲也太滥好人了。而且父亲经常忘掉谁借了多少钱，还了没有，靠脑子记忆就是一笔糊涂账。每到年关，我们想去替他催债，他却报不出账来。母亲不高兴，与他吵过几次，说当年困难的时候，除了向国家借到钱的，乡邻里有几个肯帮忙的！父亲就说，当时大家都困难，干部家庭困难，乡亲们就更困难了。而且，如今人家借钱，都不是为了改善吃穿这些事，是为孩子上学，孩子求上进的事，不能眼睁睁不管，要是我们现在仍然困难的话，也要借钱去供儿子上学啊。借钱的乡亲里后来有好几家有考上大学的穷孩子，都得到过父亲的接济。父亲去世后，我才发现我保留的父亲的那本留言簿后面，密密麻麻记满了人家向他借钱的流水账，其中一大半都没有还，没有销账。父亲把这种为孩子上学借出的钱，完全看成是捐助，压根儿就没有指望，也没忍心要人家还。原来父亲“丢三落四记不清楚账”竟然是用来搪塞母亲的借口。

这些小账让他的孙子十分感动。大学开学后，儿子曾给我发了一条短信，说他7岁的时候看到别的孩子有爷爷呵护，很羡慕，曾经画了一张画，叫：没有爷爷真苦。自从那次看了爷爷的毕业纪念簿，真的不觉得自己心里苦，不觉得自己没有爷爷，现在爷爷的形象在心里很清晰了。所以，现在要说：有个爷爷真好。

这条手机短信，让我进一步认识到，父亲留给我的这个“不值钱”的遗产，是再多的钱都买不到的。

我们这一代1970年前后出生的人，大多数骨子里非常传统。由于青春期在改革开放勃兴的20世纪80年代，我们的情感是多元的，趣味是多样的，价值取向也有明显的分化，一部分人特别注重“人文情结”，一部分人特别注重“市场经济”。不管是什么朝向，我觉得只要不太过，都是很好的。我有位老同学的爸爸，退休前是一个中学的教务主任，为人正派，清高，但是思想特别保守，固执，不肯接受新事物。我这位同学，大学毕业后爱上了一位从政府下海经商成功的商人，她父亲怎么都无法接受，气得生病住院，跟女儿宣布断绝父女关系好几年，严重影响到女儿的幸福。他认为，一个人刻意去挣钱，是非常可耻的，以挣钱为事业的人一般都是恶俗的物质主义者，不可深交，更别说结为夫妻啦。

在我们这一代人看来，老先生并没有真正认识到“市场经济”的意义，也没有真正认清“钱”本身是一种流通和发展的工具，只要使用的手段正确，途径正确，钱是不存在“光荣”“可耻”之类的附属意义的。但我们这一代人也不乏抱持老先生这种观点的，认为钱的属性“可耻”，臭钱臭钱，钱与臭是密不可分的。还有一批人，则完全是金钱至上的，认为金钱是万能的，其他都是虚空的——这样的人其实在古今中外都占有相当高的比例。这就在观念上有了多向分化。所以，我们这一代人在一起聚会交流，争吵起来是很厉害的，有时候恨不能拿起刀叉开打。

显然，随着年龄的增长、子女的长大，我们会较多涉及“遗产”这个话题的争论。“遗产”这个词，其实更多出现在有关西方的话题里，“遗产法”“遗产税”等这些词，都是很西化的。从法律意义上讲，“遗产”基本上指的是有形价值的东西，也就是钱财物和能兑现钱财物的知识产权等无形资产。但是在中国文化典籍里，“遗产”这个词更多被用以形容精神财富，这体现了中国传统重视文化传承，非常了不起。所以，我们这一代人，依然有很大一部分坚持认为精神遗产比物质遗产更重要！

1980—1990 年有许多苦出身的企业家，在发达之后只有物质缺乏之痛的记忆，没有建立精神充实之乐的修养，囤积了可观的财富，传给子女，却没有传给一块支撑这些财富的精神基石，所以古人警告的“富不过三代”甚至富不过二代的悲剧，纷纷在他们的后代身上上演，家族兴旺如昙花一现。2010 年美国林顿调查公司曾在媒体发布一组关于中国改革开放后的第一代企业家退休后，其子女继承资产继续发展家族企业的情况。调查表明，只有不到 10% 的“企二代”从父辈手中接过企业接力棒，能继续快跑；大概 1/4 的“企二代”勉强维持着父辈的事业；而 65% 以上的“企二代”将父辈辛辛苦苦创办的企业带向了穷途末路，其中有不少是将财产挥霍一空。其最大的原因，就是第一代企业家大多数出身贫寒，文化程度低，不重视家教，不在家族企业里培植优秀的企业文化，有的虽然积攒巨额血汗钱，但没有建立正确的金钱观和人生观，没有开阔的眼界和心灵境界，交给孩子的，只是硬邦邦的钱币。下一代只会花钱，至于其他，则无所适从，无能为力。

21世纪的中国企业家文化素质大有提升，他们吸取教训，非常重视优秀家风家德建设和传承。没有血脉的身体是塑料模特，它不是一个生命；没有精神支撑的财产是沙积的高楼，它不是江山基业，弱不禁风，随时倒塌。

曾国藩后人把他写给亲人的每一封家信都保存下来，以家书形式，作为家族的宝贵遗产，昭示后代。曾国藩家书中关于勤俭、好学、敬畏、奉公、爱国、感恩等方面的规训，影响和优化的不仅是曾国藩家族，也有中国无数的其他家族。正是这些精神内蕴，使得一个看起来简单、日常的家教书信集，成为两个世纪追捧不衰的经典。倘若曾国藩留给子孙的是几两银子，恐怕这些银子和他本人的历史印记早就烟消云散，化为尘埃了。

诸葛亮一生谨慎，因为两篇文章更成就了万世英明。一封是给儿子的《诫子书》，一封是给年轻的君主刘禅的《出师表》。可以说，两篇文章一封是家书，一封是国书，一封重修身立德，一封重修为济世，囊括了从做一个普通人到贵为国君的谆谆教导。《诫子书》里诸葛亮要求子孙们“静以修身俭以养德”，“非学无以广才，非志无以成学”。《出师表》要年轻的国君“亲贤臣远小人”，勤政明政，实现父辈的遗志。《诫子书》只有86个字，《出师表》也不过百句，但一出即成经典，因为它们是高度概括的人生精华、治国精华，凝聚着诸葛亮这位先哲圣贤一生的感悟，饱含老一辈的博大智慧和对晚生的深沉之爱。诸葛亮深知自己身为丞相，一生奋斗，茅庐变豪门，但豪门是用心血浇筑的，如果后代坐享其成，必然会变回茅庐；深知江山的危机，江山的根基不是来自江山本身，是治国方略的正确，是君主的英明。江山是脆弱的，没有精神的江山，垮起来很快。所以，留豪门传江山，还不如留诤言传真经，留美德传善心。

看来，我们每个人都不要轻言自己是穷人，自己一无所有。不要因为存折不厚，就感到愧对子女；更不要为了存折更厚，去非法敛财，脏了自己的形象，毁了自己的精神，成为子女的耻辱，家庭的祸患，社会的负能量。优秀的文化遗产博大精深，取之不尽，只要你慧眼有识，手到擒来，取之一瓢，赠与后人，你的后人一定会受益无穷，一定会对你世代感恩。

第一安全

这些年，我们在看待古训上，经常陷入极端。比如在对待子女教育问题上，一提到赏识教育好，爱的教育好，就完全否定古人教导的“棒打出孝子”“不打不成器”。好像几千年，一代代人都是被棍子打大的，志气都给列祖列宗打没了，所以我们才文化自卑、民族自卑。其实，这是我们没有领会古训的真正含义，只是一味断章取义，甚至歪解曲释。古人的意思是要严格要求子女，特别是在子女犯严重错误时不能放任，要严厉惩戒，以此培养他们的敬畏心和道德底线。这“打”里面是有智慧、有大爱的。

我的父亲不算很长的一生，给了我足够温暖的爱。他是一个性情温厚的人，的确是一个运用爱的教育、赏识教育的高手。他对我的教育培养，基本上是采取宽容的、鼓励的方法。即便如此，我还是受到过两次严厉的“棍棒教育”，仅仅两次！也是因为这仅仅两次的“唐突”，才使我内心冲击特别大，印象也特别深刻。

一次是在学龄前。小时候一到夏天，我就喜欢和小伙伴一起到家乡的串场河里戏水。父亲基本上是允许的，只是吩咐我们不要到深水区，不要在水里浸泡时间过长。后来我们发现了一个更刺激更有趣的戏水的地方，就是电灌站。电灌站的出水口有一个很大的蓄水池，水抽上来经过这个蓄水池缓冲后再进入排水大渠。蓄水池很像一个泳池，长方形。由于水的冲击力大，不停冲刷，里面就很干净。电灌上来的水浪花翻腾，人在其中顺流漂浮，逆流翻滚，煞是有趣。玩了一次，大家都觉得很过瘾。

我回家说给父亲听，父亲正在抽烟，不顾一支烟才抽了两口，就扔在烟缸里，非常严肃地把我拉到跟前，说：不许在那里玩耍。我一下子愣住了，问为什么。父亲一字一顿地说：不安全！接着他就向我解释为什么不安全。电灌出水口压力很大，如果工作人员不知道有人在水里，突然拉闸停止抽水，还有最可怕的，那时候电是不稳定的，说停电就停电，一旦断电，水流会形成强大的回冲，排水筒回吸进去一部分水流，人就被挟到里面，小命基本就完蛋了，要死人的。

父亲还给我布置了任务，不但自己不能再去，还要赶紧把所有小伙伴都集合起来，把这个防范危险的道理讲给他们听，大家都不许去那里了。

我按父亲的要求去跟小伙伴说了，结果大家哈哈大笑，根本没当回事。我们又跳进蓄水池，快乐地玩开了。但很快，父亲出现在池边，手上拿了一支长竹竿，抽打我们，小伙伴们爬上来，四处逃散。父亲呵斥道，以后谁再来，所有的大人见了，不管是不是你们的家长，都可以直接打得你们皮开肉绽。然后父亲拧着我的耳朵，在众目睽睽之下，把我拖回去打了好几棒。

从此，我们再也没敢去电灌站戏水。

还有一次挨棍子是在 10 岁左右。那时候父亲被组织抽调到一个调查工作组，担任负责人，进驻南通北郊一个小镇的建筑材料厂，调查组的工作跟现在的巡视组相当，查账，查纪律，查作风。工作组跟被调查单位的干部同住一个院子，同在一个食堂吃饭，看起来其乐融融，但背地里就没有那么简单。被调查单位没问题的干部当然是真热情，坦荡荡地跟工作组交往。心中有鬼的人就不一样了，他们也许表现得更热情或更淡定的样子，私下里会设法做一些小动作。然而，孩子是看不懂大人的复杂世界的。父亲只是提醒我，他们这个工作有着特殊性、严肃性，孩子也要像大人一样守纪律，不可乱听乱说。

暑假的一个傍晚，我在院子里抓萤火虫玩，突然听见身后有人喊我。我一看，是这个单位里一位胖胖的伯伯，我知道他是总账会计，负责单位的会计室，平时总是笑眯眯的，和蔼可亲。胖伯伯问我热不热，跑了一身汗是否口渴。我说又热又渴。胖伯伯就邀请我到他宿舍吃西瓜，说买了一个大西瓜，一个人吃不了，隔夜就不能吃了，浪费。我说，爸爸不让吃别人的东西。胖伯伯就摸着我的头说："那是别人，可我是你爸爸的朋友，是自己人，跟吃自己家的东西一样。"我就去了，吃了一肚子西瓜，还带了一个大米糕回来。

我自小跟父亲住单位，受到许多叔叔、伯伯、阿姨、大姐姐的关爱呵护，也馋嘴吃了不少白食。父亲见了总是很开心，替我道一声谢谢，偶尔也回请大家吃个饭什么的。我习惯待在一个集体大家庭中，享受这种爱。可是，这一次出了意外，我被父亲狠狠揍了一通。父亲暴跳如雷，打了我两个大耳光。我从来没有受到过如此重的惩罚。

父亲的暴怒令我感到陌生而又恐怖，所以哭得特别伤心，心里感到特别委屈。当然，事后在父亲的提醒下，我似懂非懂地知晓了其中的缘由。那位胖伯伯有贪污嫌疑，正是父亲的工作组重点调查的对象。请调查组负责人的孩子吃东西，当然不纯粹是出于真的喜欢孩子，而是拉拢孩子的父亲。父亲通过这件事警告我，大人提醒要守纪律，孩子不能当成耳边风，不能不警惕，执行起来一定不能打折扣。吃人家的东西，接受别人的物质施与，要动脑子想想，东西没有是非对错，但施与和受施的行为，是意味深长的，你需要学会明辨，不能只顾满足胃口，不问动机。有一些爱，来得突然，来得没有理由，你要学会分析，学会拒绝。人生路漫长，处处有风险，具备清醒审慎的素质，你的人生才会安全。

我成人后，对父亲的两次棍棒教育佩服得五体投地。平安是福，安全第一。人一生可以自己努力掌控的安全，无非就是人身安全和人生安全。父亲对我的两次棍棒教育，正好准确无误地针对了这两个安全。被电灌站回流倒吸进去，我们会失去生命；怀有目的的糖果里，往往裹着炮弹，吃了，人生迟早要被炸毁。

人在成长的过程中，需要掌握的安全本领看来不仅仅是那简单的护身了，更要护生，保护自己的人生安全。一个人长大后，护身的能力日渐增强，人身安全的风险也越来越小。而人生安全，却是相反的，你越大，安全系数就越小，因为你接触的世界越广，遇到的陷阱就越多；你越有能力，需求和诱惑你的人就越多。你需要把控的地方，需要把控的节点，就越来越集中，越来越频繁。成人的第一安全，就是这人生安全了。

人生风险的种类也是花样百出，你纵有八斗才智，也不可能完全规避和化解。但人生风险的源头，是有规律可循的，无非就是人心的贪婪、邪恶和堕落。人心的正邪决定着人生的安全与否。所以，千言万语归结为一句话：管好自己的心，也就赢得了一大半人生安全。

风险永远在路上，安全永远在心上。

Jian Zhi Pian

践之篇

流逐：心如凌波人如萍

不错，人活着要遵从自己的内心，但首先要建立一个有价值的内心，遵从内心才有价值。

何处安放我们的内心

作为一个少年时代就开始爱上文学的人，我读了很多的书，写了很多的文章，在校园的围墙之内，建立了太多的情怀。20 世纪 90 年代中期，当我结束了在南方一所大学 8 年的读书与教书生涯，一脚跨出校门，懵懵懂懂进入喧嚣的社会之后，我开始经历许多阶段性的精神不适，开始了一种我当初怎么也没有预想到的复杂人生。

我走出校园的第一站，是到省委的一个部门当科员。让我意外的是，从高校教师到机关科员，这在我传统认识里并没有高下之分的职业转换，却让我收到了无数的殷勤祝福。这些祝福，使我在短暂的自鸣得意之后，陷入了一种全新的迷惘。

我的大学同学相约来拜访我，我请他们在学校后门的小饭店吃饭。他们指着饭店玻璃窗外行驶的汽车说，祝老同学早日“屁股冒烟”，同学里如果出个大干部，我们就有靠山了。这年头，如果要想干成事，那就得通过当干部，尤其是权力机关的干部，最有能耐了。

我老家的一些乡亲，听说我可以自由出入高大的省级“衙门”，说家乡出了贵人了，多帮老家做点事，拉点项目吧。我使劲辩解，说我就是机关大院一个小小角落里的小小小公务员，不比在大学当老师能耐大。乡亲们不高兴了，说你不要躲我们，为私人的事，我们轻易不打扰你，你这不是发达了吗？只希望你关照一下家乡，这可是生你养你的地方啊。但乡亲也没有错啊，全社会的眼睛里，机关干部就是“官”，教师就是“民”。这是中国几千年的世俗观念。那时走红不久的改革题材电视剧《新星》，里面有个乡长，把女教师调到供销公司当营业员，觉得对女教师有恩，开口就说：是我把你提拔到供销社当营业员的，要不然你还在教书呢……

我十分惭愧。我惭愧，我知道自己几斤几两啊。我惭愧，我真的没有发达，也真的没有躲避乡亲啊。我惭愧，我无力说服人们，无力证明“知识”与“权力”是两种同样重要的力量。

好几位少年时代就开始相处的文友，写信给我，对我走进机关“从政”表达欣喜之情。有一位还特意从北方跑到南京，在两个人面对面喝得头重脚轻之后，他在一张餐巾上写下：清空清高是正道，正道其实是俗道。

一位几年前一同留校任教的同事，对我恳切地说：你跳越了苦海，真的，我们为你高兴，你走出书斋，千万不要回头。

我还请我的一位导师吃了一顿饭，算向他告别。他语重心长地对我说：“高校是一个可以自贱、自恋也可以自傲的地方，它培育和包容多种气质。这甚至是大学的人文目的。但到了社会上，千万不要妄自菲薄，也不能逞才自傲啊，孩子。才子福薄，美人命薄。才华、美貌和世俗远不得、近不得，拿捏不好就是祸。”

我的母亲说：“你以后要穿正装，说正话，办正事，干部是最麻烦的职业，辛苦又危险。要善始善终，必须好身体加好心态。你父亲就是因为当干部，英年早逝，累死和气死的。”

我去向母校的老校长谈先生辞行。他是在教育管理和明清文学研究两个领域都有着杰出成就的一位古板而正直的好人，一个老学究，一个德高望重的教育家。他把一辈子献给了教育事业，未到退休年龄就患上癌症，辗转上海、南京的几个医院，未见好转，最后回到家里，数着有限的日子，走向生命之灯的熄灭。在他身边工作时，我见证了这个赤胆忠心的党员和才情横溢的学者，是如何工作得举步维艰，如何生活得心力交瘁的。他每天一大早就来到学校，开始一天的忙碌，晚上很晚，学生几乎都休息了，学校沉入梦乡，他才拖着疲惫的身子回家，回去后还要再做几个小时的学问。工作和学问两不误。师生们很尊敬他，可也有人看不惯他，教育主管部门有些领导，不喜欢他直言快语，在更高的领导参加的会议上，不歌功颂德，而是实事求是摆一大堆问题。同事中也有责怪他过于迂腐，不把三产搞活，不让老师出去捞钱——20 世纪 90 年代知识界正在加大马力“破墙”，知识分子纷纷下海，或者兼职，教育产业化的呼声一浪高过一浪。而谈先生坚决认为这不是高校的正道，如果连高校都耐不住寂寞，不好好教书育人，不好好钻研学问，整天跟官员和老板攀比财富，到社会上折腾，耽误了教育，就意味着中国社会将一片平庸，就没有文明的金字塔了。一些教职工因此受到校长的处分，怀恨在心，写信告校长，写文章骂校长。在校长患上癌症，病休在家的日子里，居然还有一位混世教授把电话打到校长家，挖苦他，嘲笑他，抨击他。

其实，他哪里不关心书生们的待遇呢！他为教育工作者待遇过低鸣不平，20 世纪 90 年代流传甚广的“师范大学就是稀饭大学”的段子，就出自他口。为了解决教师的住房、津贴、科研经费等，他坐着一辆破桑塔纳，到处奔波，甚至还跑到北京去求助，跑到澳门去化缘。可是，杯水车薪，那时候，学校物质胃口迅速膨胀，教师们要的，已经超出了他这位“落伍”掌柜保守的估算。

在大学后门外的一个拥挤的小区，我叩开校长的家门。校长挣扎着从床上爬起来，穿上一套整齐的中山装，端坐在客厅的沙发上等我。

他的身边摆着一堆打印的新书校样。他告诉我，要在闭眼睛之前把这部书稿认真看完，然后应作者要求为之写一篇序。我为之无语，心很是揪痛，就劝他还是养身体为重，书稿可以等康复后，再校对和写序也不迟。

我心想，这是谁啊，怎么能在这个时候给校长上任务呢？

校长仿佛看穿了我的心思，连忙解释说：“这是一位澳门的著名企业家一生所创作的几百首古体诗词，几年前就拿过来了，被我忙得耽搁在案头，一直没有时间处理，现在再不干，就来不及了。我欠人家情啊！”

我恍然大悟，原来，书稿的作者就是给学校很多捐助的那位爱国企业家郑先生，记得我还陪同校长接待过他。校长个人哪里欠他人情呢？是郑先生对学校有帮助，是学校欠人家情啊！

我记得那次，临别时校长送给我三段话：

第一段：当干部要有一定的理论修养。为什么？不光是用这些教化别人，更重要的是，需要教化自己，特别需要解决自己人生中会滋生的许多困惑——你不会那么幸运，一路顺风，心无挂碍。因而，不要丢掉热爱读书的好习惯，多读点历史，多读点哲学理论原著吧。

第二段：当干部要有心胸。心胸心胸，一个词两个字两层意思。心是为民而生的诚心、真心、爱心，为事业而生的决心；胸是胸怀，是气量，要装得下大格局，忍得了大委屈。从来仕途无坦途，从来官场是“生气场”，一帆风顺、心平气和的好运势，真的没有。

第三段：勇敢地走出校园，是好事。一个男孩在校园里，很难长成男子汉，因为磨炼的机会不够多，压力不够大，尤其是，诱惑不够多。没有围墙的社会才是真社会。但你从此需要选择，现在的社会变化太快，有些面貌我这个老人都看不清道不明。人也正在急剧分化，有的人固化，有的人异化。你还处在成长期，从什么样的流，做什么样的人，可能会面临必要的选择，这关系到你的未来，你的整个人生，需要好好把握。

多少年过去了，回想这些年的起起伏伏，恍恍惚惚，时而清醒，时而糊涂，时而固执，时而纠结，左右犹豫，上下情愁，内心忐忑。那次拜访辞行不久，校长就永别了，但校长的话在我的人生行程中，被内心交错的热情和寒冷反反复复翻炒，品出来了很多味道，却很少有过熟透的时刻。

20 世纪 90 年代，每个人心里都潜伏着一种蠢蠢欲动的力量。没有人概括得了这种力量，没有人预料得到再后来的 20 年，这些力量以五花八门的形态，集中爆发出来。我们在这些力量的挤压中，时而热情洋溢，脚下生风；时而暗自铆劲，蠢蠢欲动；时而人人自危，无所适从。

电视里每天播放着大量的小品，嘲笑那些不会“地上六个猴，树上骑个猴”脑筋急转弯的老实人。媒体里到处播放快乐至上、能者多金的消息。穿着中山装就是神经出了问题，艰苦朴素被视为落后的生活方式，认为经济发展离不开鼓励消费、鼓励高消费。思考问题不会变通，成为智障的代名词，办事不运用潜规则被认为是死脑筋。孩子写作文《我的理想》，如果说要当领导、当老板、当明星，被认为是务实，有志气；如果像他们的爸爸辈、爷爷辈那样，写自己要当人民的勤务员，当教师、医生、售票员甚至清洁工，会受到同学的嘲笑，家长会隐隐地心痛和担忧。

随便挑几个看看，看看 20 世纪 90 年代到 21 世纪这 10 年，那些流行语吧：你这傻脑筋啊；老实人吃亏；为人民币服务；忽悠；聚聚；不求最贵，只求更贵；宁可坐在宝马车里哭，也不坐在自行车上笑……

以前中国人见面打招呼“吃过饭了吗”，现在普遍变成“哪天有空请你吃饭”；以前孩子斢架，回家后大人总是教训孩子“小朋友要互相帮助，团结友爱”，现在大人常会指责孩子“你怎么这么没用，下次不打赢了别回来”；以前流行宣传画，后来流行金箔画，画的背面标注镀多少克金，如今直接指着墙上挂的画，说这个画家的作品每尺多少钱……

我突然发现自己进入了一种刹不住的颠簸无助的状态中。

请教机关里的同事，很多人在羡慕社会上老板的财富。请教过去的教师同事，他们常询问我现在是什么级别有多大权。请教已经成为企业家的小伙伴，他们在关心怎么搞定官员，如何提高房价。请教老年人，他们摇头说，世界变化快，有些看不懂。请教年轻人，他们反问你：我们如何尽快有房有车有股票？

记得刚进机关的几年，我经常对我的妻子说外面的世界五花八门。我在社会上看到的人生状态也许太多，我听到的人生建议也许太多，反而头脑不清，手足无措。

前些年，我曾生了一场大病，胆囊发炎坏死。在病床上高烧了一周后，病危通知下达了，必须做一个严重到生死难测的手术。中午决定手术时间：下午五点开刀。有大半个下午的时间，必须考虑给家人说几句最重要的话——也许就是遗言啊，因为医生明告，这个手术是有很大风险的，胆囊炎恶化，又带着高烧，双重危险。

我想了又想，除了那些生活和未来的琐碎，我的确不知道自己最想说的是什么。关于健康，如果你不幸了，就成了最好的警示教材，你什么也不用说，家人一定会以你为戒，爱惜身体；关于生活，你说得越多，越是干扰家人的生活，你未必是最好的生活家，即便是，你的生活也不能成为别人最好的模式；关于孩子，你要有一份信任，家里其他人对孩子的爱并不会轻于你，要相信他们能够把孩子照顾得更好，培养得更出色。还有什么呢？有，恐怕也就是关于自己了。

在手术床推到手术室门口的时候，我才脱口对家人说，如果能活着出来，今后要好好规划一下自己的人生，不能再稀里糊涂地活着。

我的妻子说，不管怎么活，要遵从自己的内心。

不管怎么活，要遵从自己的内心。噢，不管怎么活，要遵从自己的内心。我似乎在这一瞬间找到了一个人生依据。

可是，自己的内心是什么呢？如果自己的内心都还混沌不清，你如何去遵从呢？我要尽快走出困惑。古人说，四十不惑，难道真的要等到四十，自然而然地去不惑？

可“遵从内心”这句话，当时带给我内心的，几乎是震撼性的。我下决心，如果能活着出来，一定要建立一个清醒而强大的内心。

不错，人活着要遵从自己的内心，但首先要建立一个有价值的内心，这遵从内心也才有价值啊！

半梦半醒与一醉九醒

也许大多数人无法一直生活在一种不切实际的状态中。我对文学的偏执和依赖，在参加工作进入现实生活后，处处受到碰击。我对世俗日常的缓慢进入，对世态的惯于挑剔，以及处理生活细节上的迂拙，也使自己时常陷入理想与现实的矛盾。

2003 年，我 34 岁，从省级机关转岗到一个国有万人企业集团任副总，业余还整理出版了一些旧作，加入了中国作家协会。有许多熟人，开始夸奖我是“成功人士”，在世俗事业和文学创作上都有些作为。

在当年人民文学出版社为我出版的诗集《沿着爱的方向》后记里，我写道：“我当一个守法的市民，当一个认认真真料理琐碎公务的小干部，良好的营养，平庸的生活，以及压制起伏的内心，使我摆脱了少年儿童时代的清瘦文弱和卑怯。”看得出来，当时我有些自得自满。我在向世俗妥协，准备以一种慵懒无为的姿态进入中年。若干年后，江苏一位女作家在《文学报》上发表了一篇《作家丁捷：天真人》的文章，回忆当时见我的情形：

与丁捷的第一次见面的第一瞬间，有点失望。在南京出版人办的凤凰台酒店，他憨憨地走过来，高而又胖，那样子就是中国流行的企业老总范儿，应酬过度，宅过度，皮肤雪白，神智松懈；但一留意，也见有些世故的精明，在眉宇间坏坏地闪烁。丁捷那时正在一个省属的文化集团当副总，我就心想，看来传说中的大才子，至少外形没有长得脱俗。丁捷送给我一本新书《沿着爱的方向》，设计很精美，用了著名雕塑家吴为山先生的作品做插封。丁捷示意我翻开扉页上的作者照片，说两三年前，鄙人是这样潇洒的。我一看果然英俊小生啊！丁捷紧接着自嘲：适当用点年轻貌美的照片，不算无耻，实属无奈，写诗嘛，要有点写诗的样子。

这段文字是对我那个年龄那个状态比较客观的写照。这段文字表述出来的年轻人，其实是我固有的人文情怀所排斥的，也是今天我回忆起来最无趣、最漂浮的一副形象。人越在俗处行走，就越是不能从俗中自拔。很多人的慵懒庸俗，并不是在一事无成中形成的，而是在小有成就之后，在沾沾自喜一番之后发生的。自以为用这些表象的价值就抱住了人生价值的充实，其实抱住的，就是价值的虚无，自己骨子里都挺看轻自己的。一点自大的优越感，不过是向世俗兑换的自我陶醉和自甘消沉。

内心失落却表现出春风得意的人，活在比自我安慰更低一个层次的虚假中。

侥幸的是，我很快意识到要从中自拔。而这种意识一旦睁开眼睛，尽管还有些瞌睡迷离，但这个时候往往残余的理想和浪漫开始挣扎，并最终挺立。哦，内心里，我依然是一个崇拜作家诗人的人，在摸到文字时倍感亲切的人，对纯真的感情有抒发欲望的人，对美好的世界有无限向往的人，对虚伪和邪恶有痛击冲动的人，对自己有约束有要求的人。

这份难得的内心历程促成了我后来的援疆经历。

边疆的遥远和博大一直吸引着我。最根本的鞭策力是，我无法再承受对眼前的自我所感到的困惑。有时候，我摸不到自己的心，更摸不到他人和社会的心。我纠结在半醒半梦之间。

36岁那年，我主动给组织上打报告申请援疆，此后的三年在新疆任职。新疆博大的自然和浓郁人情，重塑了我内心的热诚和纯粹。新疆生活结束前后，我写作出版了援疆情感大散文《约定》，获得了“五个一工程奖”，《中华读书报》的记者舒女士对我的这段经历和写作产生兴趣，在专访《丁捷：希望努力呈现汉语之美》中，她问道：“援疆期间出版的《约定》，能读出你的胸怀和诸多温暖的情愫。能谈谈援疆对你的影响吗？”

我说：

我有两个一起援疆的同事，他们在新疆时都已经50岁上下了，此前在机关做了半辈子公务员，从来没有写过半个字的文学作品。从新疆回来后，他们都成了真正的作家诗人，才情横溢啊，出版了好几本作品集。你可以想象一下新疆的神奇，新疆的丰富！新疆让我的性情得到驰骋，我有一首诗写道：

天蓝，让我无法睁全
迷蒙的双眼
地广，让我不能安排
拘束的四肢
草深得像海
马跑得像风
我衣冠楚楚的尴尬
与城市的小里小气
一起
悬挂在那拉提草原的半空……

在那里，我一度很恍惚，我找到了“文学自我”。为什么这样说？“文学自我”跟“世俗自我”是大不同的。也许很多人尤其是我这个人存在着两个自我。去新疆之前，我生活在这两个自我的纠葛中。而在新疆，世俗自我失去了天地，文学自我高调登台。

新疆的山水太大了，一点尘世的混杂，在那里会得到彻底清洗。我们所有支边援疆援藏回来的干部在一起交流，都有一个体会：开赴边疆的时候还掺杂着一些世俗的想法，在新疆待一段时间后，心里所有的功名杂念包袱都放下了，人变得很轻松。这种心态是自我的，超脱的，文艺的。要养成这种心态，我们这个年代是不是很难？当然很难。但在新疆不难。文学的基本元素是真善美。边疆从山水到人心，这些元素很饱满。工作很苦，生活很艰辛，远离家乡和亲人很孤独，这是现实。但我觉得一个干部到新疆工作几年，还是幸运的；一个作家到新疆生活几年，更是幸运的。一个干部加作家，比如我，这段经历就带来了双重幸运。我经历了一般干部没有的历练，也经历了一般作家没有的体验。如果这些不能让我的精神内化，不能在心灵上得到一次突破，那还对得起这段经历吗？

我造了一个词，叫“一醉九醒”，并用此词为标题，写了一篇文章。我的意思是，从“半梦半醒”到“一醉九醒”，是人生的巨大跨越。当我结束援疆回来，正好进入不惑之年，“一醉九醒”成为基本上“不惑”的一个定义。

我们大多数干部回到内地之后，都有自我超越。这种超越不限于我在对《中华读书报》记者描绘的才情横溢，著书立说，这些只是人生提升的一个方面。超越，就是把原先的小我彻底抛弃，把边疆的博大开阔藏在心胸里，带到新的生活和工作中。绝大多数援友没有得到，也根本没有企图得到社会上少数人所传说的立功归来升官加爵，而是更兢兢业业、无怨无悔地耕耘在平凡的岗位上。

我在给援友的共勉词中说：

在保持高洁的心灵面前，你的任何功利，多得都是损，有得都是赢，未得都是平。

他们衷心赞同，并给了我掌声。

回来几年后体会到，最大的收获还不限于以上领悟，而是自己种下了大爱，收获了温暖。我们在边疆救助、资助了一些生病和上学困难的孩子，这些孩子从此把我们当亲人，考学、读研、就业、成家，好消息第一时间与我们分享；我们援助的项目，带给边疆各族人民绵长的幸福——比如，我为新疆画家所做的艺术推介，帮助了数位画家走进艺术殿堂，也走进了艺术市场，有了价值也有了价格。他们没有忘记我，把每一份成绩报告给我，把每一句感激写进文章，装进画框，谱进歌曲。每当我们得到这类消息，受到这些赞美，我们的心是多么喜悦啊，这是任何功利成绩都无法取代的一种喜悦，它使我们的心充满了温情厚意，充满了昂扬向上的力量，充满了友爱与奉献的自信。

后来，当一批又一批志愿援疆援藏的年轻干部在开拔边疆前，向我们这些“老援干”辞行和请教时，我们会说：去吧，迈开大步，不要回头，心会告诉你，值！

每当看到有干部和专家志愿到边远地区工作，他们的慷慨激昂最能唤起我的感动。他们是主动去吃苦的，但我会为他们鼓劲，心里为他们在后背上加推一把力量，因为他们迈出的这一步，不光是勇气，也是智慧，是格局，此行一定会为他们的人生加分。

而另一些干部，即使组织上有需要，要他到艰苦的地方去工作，他们牢骚满腹，谈论条件，算计得失，迫不及待要把这种尚未达成的奉献，兑换成个人的功名利禄。带着这样的纠结状态去工作，是很痛苦的。

我认识这样一个干部，在苏北的一个城市长大，毕业后分配到市级机关工作，一直养尊处优。30 多岁时在机关里当上了部门副职，可算是春风得意。这一年，组织上决定培养他，要提任他做部门正职，考虑到他毫无基层工作经历，就决定下派他到下属县区担任两年的副县长，他不肯干了。他觉得下去吃苦，怎么能平级下去呢？得提一级才算不吃亏。这次，组织上从培养人才着眼，就给他提了一级，再下去任职。在后来的人生里，只要动用他，他就给组织上讲条件。中年时，交流他到苏北一个大市任副市长，他推辞不干，说家里老人身体不好，需要他这个孝子照顾，其实内心的想法是苏北太落后了，不想到穷的地方当官。五十四五岁，他迎来人生的最后一次提拔机会，到省属的一家企业集团担任老总，解决正厅级待遇，他又闹开了情绪，说自己年纪大了，一直在机关和地方党政口工作，不适应去领导一个企业。这次，组织没有依他。他骂骂咧咧去任职，心里充满了怨气。两年后，他因为经济问题被立案查处了。

我们观察一下这个人的心态和这种心态对他人生轨迹的影响，可以得出一个结论，一个患得患失、处处算计的人，走上仕途是很危险的，因为他没有把事业看成自己的，而是看成组织上派给的，他有权挑肥拣瘦。由于他内心总是另有自己的小算盘，他就不断盘算，在公家面前，自己是亏了还是赚了。每一次履新，他都会加一次价码，得到了，就赴任，得不到，就在心里记下一笔账，算是组织欠自己的。如此累积下来，他总有一天会寻求自我补偿。于是，他总有一天会栽。

这种人其实一辈子没有从事业中获得任何快感。我们说，人生的境界是“一醉九醒”，保留一分自我陶醉，大多数时候是戒骄戒躁，冷静低调。那么这“一醉”就显得特别珍贵，是朴实人生最好的调剂。如果颠倒过来，大多数时候都处在自我陶醉、感觉良好之中，必然不可一世，成为一个骄夫妄徒。一方面，特别自大，另一方面，内心又特别虚弱，他的虚弱就撑不起他的自大。

风雨兼程人生路，风雨一路皆有景。行者无疆，如果需要，我愿意不断踏上远程，义无反顾。

在流逐中

2008年前后，当援疆结束，被西域烈日晒得浑身黝黑的我回到这个甚嚣尘上的发达都市时，这座历史文化名城，一股热浪扑面而来。不光是火炉城的高温，还有生活的一种燥热——行走在这个城市的精英和百姓，此时已经陷入了一种让我无法接受的风气中。这种风气不单单是我所在的这个城市的，它风靡全国大大小小的城市，甚至乡镇，只不过经济发达的地区尤甚。

当时，全国流行这样一首打油诗：

应酬复应酬，天天忙不休，社交公关人情事，尽在酒里头。泱泱五千年，底蕴多丰厚，领导墨客江湖汉，江山美人酒。改革大潮涌，迂腐全荡走，唯有美女钱权欲，兴盛遍神州。

工厂变歌厅，书店开酒楼，吃喝玩乐百年计，夜夜有笙歌。上面常来人，视察加旅游，小心陪同别出错，工作有成就。世事多变幻，官场巧运筹，相互照应方便多，公款交私友。

人生苦且短，世事多烦忧，待到阎王来点名，拔腿潇洒走……

我又面临着新的不适，我重新变成了一个激愤的理想主义书生。此后的几年，我因等待新的工作处于半赋闲的状态中，我拿起了书本，以及笔，在2010年写作出版了一部长篇小说《亢奋》。小说说的是，某市年轻有为的电视台台长陈振飞，在文化体制改革、市广电传媒合并重组的改革中，惨遭“逆淘汰”。陈振飞和他的亲信们由此被边缘化，个人前途和既往事业都被雪葬。一个助手不服气，跳出来动用各种手段和“潜规则”，使陈振飞团队重新回到人生的舞台。小说以直面当时社会现实和人心真相的勇气，一头扎进奔命、放浪而又隐秘的影视事业圈，逼视文化腐败真相，以此撕开我们这个浮华时代欲望亢奋者的光鲜画皮，曝光了钱、权、名、色驱使的一群疲惫、焦渴的灵魂。

这部小说在当时引起了较大的反响，成为电子阅读的千万点击量作品。它是一部直面当时现实社会及其“精英群体”的作品，击中了某些时弊——物质主义的亢进，使人在权谋手段上无所不用其极，催发人情堕落，人心扭曲，人性退化。现在想起来，《亢奋》的写作冥冥之中就指向了后来的《追问》。没有昨天的《亢奋》，也许就没有《追问》。甚至可以从个人写作缘由放大到社会，放大到国家的态势来看，没有前一段时期的“亢奋”，就没有党的十八大之后的“追问”。今天，我们严厉“追问”的，正是昨天那些极度“亢奋”群体中的一些人。2017年4月份《追问》出版之后，有些人在忙着消费其中的“明星小三八卦”，在有些媒体记者感慨我写作跨度大，以为《追问》与我以前的作品毫无联系的时候，南方一家媒体的记者在专访我之前，认真地浏览了我所有作品，然后直接指出，《追问》是《亢奋》的下半部，《亢奋》是《追问》的上半部，整部作品，基本完结了一代“伪精英”的人生命运。

其实，《亢奋》一直被读者认为是“一部没有写完的小说”。在出版后的几年间，一直有读者“追问”《亢奋》里的“陈台长”“马总”结局到底怎么样了，他们在事业上取得的成绩，能够使他们在上位过程中使用的“损招”化险为夷吗？再退一步讲，如果他们这批“能人”不通过非正常手段，是不是早就被淘汰出局，一方事业是不是会掌握在庸人、懒人手中而败落？“亢奋式时代”怎么了？人们追名逐利，加速社会物质意识泛滥，而物质意识泛滥又推助更多的人追名逐利，我们好像已经慢不下来、静不下来，也“净”不下来了？读者希望一个作家来完成没有结局的“亢奋”，而作家本人，其实又何尝不处在同样的迷惘中呢！

我甚至在 2012 年创作了一部新的长篇小说《依偎》，尝试着从另一个角度回应读者。《依偎》写了两个受到伤害的年轻人，厌恶了世俗世界的堕落，从各自的故乡小城逃到一个远离世俗的乌托邦里。他们在此相遇、相识、相知、相爱，并最终携手走向生命的终结，同时让生命焕发出奇特的光芒。这部小说本身获得了较大的成功，获得了亚洲青春文学奖和国内多项文学奖。但作为对《亢奋》带给读者的疑问的一份回答，显然是不及格的。我告诉媒体，我创作《依偎》的目的是，我厌烦《亢奋》里的那种人生，所以为读者指一条路：要想真爱，要想灵魂得以安妥，换个世界吧。

无疑，这其实是在“亢奋”的迷惘后，对现实的一种逃避，是创作思想上的无奈和消极。而作为一个身陷现实和深度行走在体制内的作家，我知道自己无法真正“超脱”。

尾声：高山巨川心奔腾

你们烦躁，局促，沮丧，是因为你们平时站得太低。当你上升到足够的高度，你看到整个山河整个世界甚至地球本身，都是极其抽象的。这种抽象很博大，似乎剔除了一切丑，概括了一切美。

有读者问我，《追问》之后，为什么紧接着写《初心》？

我说：

“初心”是“追问”的关联，人生败落是人心败坏的结果。

人生是一条陌路，眼是方向盘，心为导航仪。方向盘不准，前路模糊；心术不正，必入歧途。

忘记上路时设定的温暖目标，最终会陷入漫长的荒凉；得意忘形的狂热高涨，最终会引火烧身。

今日各人只扫门前雪，明天必然全村老少无法出远门；雾霾无眼，污水无根，放任一厂之污，转眼殃及全城……

天下一盘棋，子子相关联，人人盘中生，步步定乾坤。

在时空的博大里，本和末是一切连接的两端，因和果是一切关系的偕同。

你不忘本，本会还愿；丢祖忘宗，面目全非。

遗失初心，有始无终。

何以大成，唯有初心！

有读者又问我，那初心到底是什么？

问题简单，却有无穷意蕴。

我说：

初心即自然！我们要真诚拥抱生养我们的千山万水，行要反哺，言要感恩；天人合一，相辅相成。

初心即自俭！生活简单，心气平凡，保持勤俭、质朴的传统中国人的本真。

初心即自致！尽我所能，履我之职，自食其力，并努力惠及他人。

初心即自由！自由就是自律，情有约束，行有规矩，自己不越轨，他人给宽余。

初心即自厉！常戒才能长勉，最大的尺度是有度，稳健才能走万步，敬畏驶得万年船。

初心即自强！愚公移山，决胜的因素不是山大山小，而是移山的那份勇气和决心。

初心即自重！让我们天下为公，博爱众生……

小河流水见清澈，高山巨川心奔腾。

说来说去，初心是一切美好的本愿。

从初心出发，生命来来往往，守得本愿，方得美好。

追问初心，还是初心！

2018 年春节于厦门

丁捷作品
存目

小说

●《撕裂》（2018）
●《现代诱惑症》（2014）
●《依偎》（2012）
●《亢奋》（2010）
●《如花如玉》（2003）

非虚构

●《初心》（2018）
●《追问》（2017）
●《约定》（2014）
○《与群魔共舞》（1993）

“幻·青春”系列

●《卖乖王》（2016）
●《星公主》（2016）
●《小困兽》（2015）
●《缘动力》（2009）
○《青春期点击》（2001）
○《青春期突围》（1996）
○《中学生交友》（1994）

诗歌和艺术

●《藤乡》（2016）
○《一个人的边疆》（2010）
●《梦乡》（2009）
○《沿着爱的方向》（2004）
○《叩响她的门环》（1994）

（注：资料截至 2018 年；●为再版新书）